SAQUE EL MÁXIMO PROVECHO DE LAS FERIAS

Steve Miller

Saque el máximo provecho de las ferias

Todo lo que debe conocer para planificarlas y organizarlas de forma óptima

EMPRESA ACTIVA

Argentina - Chile - Colombia - España
Estados Unidos - México - Uruguay - Venezuela

Título original: *How to get the most out of Trade Shows*
Editor original: NTC Business Books, a division of NTC Publishing Group,
    Lincolnwood, Illinois, USA
Traducción: Carlos Martínez Rueda

© 1996 *by* Steve Miller
© 2003 de la traducción: Carlos Martínez Rueda
© 2003 *by* EDICIONES URANO, S.A.
    Aribau, 142, pral. - 08036 Barcelona
    www.empresaactiva.com

ISBN: 84-95787-29-6
Depósito legal: B. 95 - 2003

Composición: Ediciones Urano, S. A.
Impreso por Romanyà Valls, S.A. - Verdaguer, 1 - 08786 Capellades
    (Barcelona)

Impreso en España - *Printed in Spain*

Dedicatoria

A Kay, mi mejor amiga, mi socia, mi amor. Te prometí que no nos aburriríamos. Tenía razón.
Y a Kelly, mi gran niña, mi alegría, mi luz. Siempre te querré.

Índice

Dedicatoria.   7
Prólogo.   11
Prefacio.   13
Introducción.   15
Capítulo 1. El potencial del marketing ferial   17
    Por qué fracasa un expositor en una feria   18
    Por qué tiene éxito un expositor en una feria . .   22
    El crecimiento del sector   26
Capítulo 2. La planificación de una feria   31
    Los criterios de selección de una feria   31
    La elección de la feria adecuada.   32
    El análisis de la feria   33
    La planificación previa   37
    La definición de objetivos   38
    La elaboración del presupuesto   44
    Cierre del presupuesto   62
    La identificación del público objetivo   62
    La cuenta atrás de una feria   64
Capítulo 3. La coordinación de una feria   71
    El manual de planificación de la feria   71
    El manual del personal de la feria   73
    El stand adecuado.   75
    La búsqueda de contactos y clientes   82
    La preparación del personal.   90
    Las alternativas a las ferias   96
Capítulo 4. El marketing previo   101

La Regla de la Feria   101
Garantice su éxito antes de la feria   103
El uso de artículos publicitarios como
    sistema de la promoción.   115
Los medios de comunicación locales   119
Otras promociones a tener en cuenta   119
Otras herramientas de promocion   121
¡Sea diferente!.   124
Resumen   126
Capítulo 5. En la feria   129
La puesta a punto   129
La feria: dos posibilidades   131
La presentación de los productos   137
La formación permanente   141
Capítulo 6. La preparación del equipo   153
La atención en el stand.   153
El concepto S.I.I.I.S..   156
Mensajes subliminales.   171
Una advertencia sobre los mensajes
    subliminales.   184
Capítulo 7. Los secretos del éxito de una feria   185
Lo básico en una feria.   185
Estudie a la competencia   204
El equipo de supervivencia para una feria.   206
Capítulo 8. Seguimiento posterior a la feria:
cerrar el círculo   209
La rutina de siempre.   209
La teoría del seguimiento de Steve Miller   211
Valorar el éxito   215
La decisión de volver a exponer.   217
¡Permanezca alerta!   218
Apéndice.   221
Dónde encontrar información   221

Prólogo

Los expositores y visitantes de ferias que tengan experiencia saben que su éxito exige mucho más que simplemente «estar allí». Los más veteranos que aún estén activos en el circuito ferial recordarán los tiempos en los que los participantes estaban más preocupados con pasarlo bien que con detectar oportunidades para alcanzar sus objetivos de marketing o para aprender algo sobre su negocio.

El marketing ferial ha evolucionado enormemente en los últimos treinta años; el incremento de los costes de las transacciones entre empresas, el crecimiento en el número de ferias y la expansión de la superficie de las instalaciones han dado lugar a una nueva percepción de este instrumento como una herramienta efectiva de marketing.

La participación en una feria parece sencilla. Los expositores reservan su espacio, montan su stand y esperan el inicio del frenesí comprador. A pesar de que todavía se producen pequeños milagros comerciales, sentarse a esperar que ocurran es exasperante e incierto. Sin embargo, los números cantan: el 40 % de los expositores que participan por primera vez en una feria no repiten. Igual que ocurre con otras oportunidades potencialmente importantes para hacer negocios, conocer el terreno y utilizar ese conocimiento en beneficio propio marca una gran diferencia.

Steve Miller, un consultor independiente especializado en el marketing ferial que posee una experiencia de más de quince años en el sector de ferias internacionales, conoce bien este terreno. En *Saque el máximo provecho de las ferias* ofrece al lector un recorrido guiado por este territorio. No sería de extrañar que un expositor que siguiera las acertadas propuestas que Miller presenta en este libro doblara o triplicara sus contactos comerciales en una misma feria a lo largo de un período de dos años.

El interesante enfoque práctico de Miller, que enfatiza la importancia de la preparación y la ejecución, nos ofrece soluciones fáciles de comprender para los problemas más complejos que encontramos en una feria. El sector dedicado a la organización de ferias da la bienvenida a esta edición revisada de *Saque el máximo provecho de las ferias*. Su ambicioso objetivo de incrementar la productividad y efectividad del marketing ferial es ahora más necesario que nunca.

William W. Mee
Presidente Emérito
Trade Show Bureau

Prefacio

Trabajé en mi primera feria hace casi treinta años. Lo odié. Estaba rodeado por miles de visitantes, el personal de los stands, los medios de comunicación y los invitados, todos ellos unos desconocidos para mí. Me encontraba fuera de mi medio, y creo que no necesito decir que no hice un gran papel. Desarrollé una actitud negativa hacia las ferias que, afortunadamente para mí, compartían la mayoría de los vendedores que conocía.

Una día estaba trabajando en una feria cuando se acercó una clienta importante. Estuvimos charlando amistosamente durante unos minutos y, al final, me dijo: «No pareces muy contento de estar aquí».

Le contesté con la frase rutinaria: «Oh, ya sabes, las ferias son una pérdida de tiempo. Estamos aquí solamente porque está nuestra competencia. Además, si no viniéramos, nuestra ausencia sería más comentada que nuestra presencia».

Ella, dándome un manotazo en el pecho, dijo: «¿Crees que soy la única compradora en esta feria? ¿Piensas que todos esos otros compradores que ves en los pasillos no cuentan? ¿Y opinas que no tenemos nada mejor que hacer que pasar unos días fuera de nuestras oficinas perdiendo el tiempo aquí en la feria? Si no consigues hacer negocios con nosotros, no es culpa nuestra. ¡Es tu culpa!»

Tenía razón y fue como un revulsivo para mí. Di una vuelta por la feria y comprobé que la mayor parte del personal de los stands compartía mi actitud negativa. ¡Tampoco querían estar allí! Pero, como me acaba de demostrar mi interlocutora, había miles de clientes potenciales caminando por los pasillos, en busca de proveedores. Esto significaba una enorme oportunidad desaprovechada.

Decidí analizar las ferias desde todos los ángulos. Me di cuenta de que exponer implicaba mucho más que poner un stand, estar allí y esperar que ocurriera algo (que normalmente no sucedía). Me hice experto en el marketing ferial y empleé esos conocimientos para ayudar a mis empresas a rentabilizar su presencia en las ferias de una forma más provechosa y efectiva.

Saque el máximo provecho de las ferias surgió como resultado del imprescindible empeño de un par de buenos amigos, Jim y Henriette Klauser. Sin su apoyo y persistencia no creo que este libro hubiera llegado a existir nunca. Gracias, Jim y Henriette.

También quiero mostrar mi agradecimiento a todos los que ofrecieron su valioso punto de vista, su apoyo y tiempo a la hora de escribir este libro: Bill Mee, Betsy Rogers, Gary Kerr, Phil Wexler, Jim Cathcart, George Walther, Melinda Lilley. Dedico una mención especial a Herb Cartmell de American Image Displays por sus comentarios sobre el diseño de stands. Gracias también al miembro más reciente de nuestro equipo, Teri Arendt, por proporcionarme el tiempo para hacer lo que más disfruto haciendo. Y, por último, pero no menos importante, mi más sentido agradecimiento a Vanna Novak, Randi Freidig y Marilyn Schoeman Dow; este trío que completa el grupo de *Speakers4*, ha sido mi mejor motor y ha potenciado mi confianza en mí mismo.

Introducción

Voy a compartir con usted un pequeño secreto: las ferias son la mejor herramienta de ventas y marketing a su disposición, sin la menor duda. Sin embargo, en mi opinión, la mayoría de los expositores no explotan las ferias de una forma efectiva y provechosa. De hecho, la mayor parte fracasa estrepitosamente.

¿En qué otra circunstancia puede reunirse cara a cara con cientos, quizá miles de clientes potenciales, o compradores, en un ambiente tridimensional diseñado por usted? ¿En qué otro lugar puede tener la oportunidad de medirse frente a su competencia y de cerrar el proceso de venta? ¿Cómo podría generar en dos o tres días tantos contactos como los que desarrolla todo su equipo de ventas sobre el terreno durante un año entero de trabajo?

Pero las ferias son animales complicados. De hecho no son sólo una herramienta de ventas y marketing. Son una combinación de prácticamente todas las herramientas a su alcance. Puede emplear el telemarketing, la publicidad, el marketing por correo, los incentivos, los concursos, los regalos, los famosos, las convenciones, las promociones, el correo electrónico, la web, y las miles de herramientas de marketing al alcance de las empresas hoy en día.

Saque el máximo provecho de las ferias le ayuda a mirar las ferias desde una nueva perspectiva. Le muestra cómo medir el éxito de una feria y cómo justificar la inversión que requiere ante la dirección. Le guía a través del, con frecuencia, confuso proceso de planificación de las ferias, con un lenguaje sencillo y fácil de seguir. Aprenderá cómo escoger la feria adecuada, cómo planificar con tiempo, cómo diseñar un stand, cómo atraer clientes a su terreno, cómo vender *in situ* y cómo hacer el seguimiento. Este libro le proporcionará también información sobre cómo integrar las ferias en su planificación de marketing actual.

Para los veteranos, este libro representa un curso de repaso de los elementos básicos y expone algunas ideas y técnicas que quizá no conozcan. Mientras que otros libros sobre el tema se concentran sobre el aspecto de la planificación, este libro tiene en cuenta los resultados: la promoción activa, la formación, los contactos comerciales, la identificación, la venta, el seguimiento posterior a la feria y la evaluación.

La obra incluye formularios y listados para cada fase de la planificación e implementación. La mayor parte de la información procede de entrevistas con los mejores expertos en marketing en diferentes sectores procedentes de todo Estados Unidos, así como del intercambio de puntos de vista con compradores de primer orden. Este libro le presenta sus impresiones sobre las ferias, incluyendo los fallos y equivocaciones cometidos por los expositores. Le enseña cómo atraer compradores de peso a su stand y cómo venderles.

He escrito *Saque el máximo provecho de las ferias* para que sea un libro de referencia a la hora de preparar cualquier feria. En él encontrará sugerencias y técnicas siempre útiles.

La planificación de una feria no debería ser una cosa casual. Para tener éxito como expositor se necesita una dedicación total y un conocimiento profundo de todos los aspectos relacionados con el proceso. Este libro le ayudará a adquirir ese conocimiento y a utilizarlo.

1
El potencial del marketing ferial

Imagínese una situación como la siguiente: usted es el director de compras de una cadena de tiendas de aparatos electrónicos y su secretaria le llama y le dice: «Señor Smith, dos representantes de Worldwide Wonks desean verle». Está muy ocupado, pero decide recibirlos de todas maneras.

Cuando entran se da cuenta de que con ellos vienen un mago y dos modelos tipo *Playboy.* Las modelos se le acercan y posan para una foto que saca uno de los vendedores, colocan un pajarito cubierto de pelusa en las hombreras de su traje Armani nuevo, y le ofrecen una bolsa de plástico repleta de prospectos. El mago empieza entonces su actuación, una ráfaga de trucos de cartas acompañados de un monólogo sobre cómo el nuevo Wonk hará que sus ventas sean mágicas. Mientras tanto, los dos vendedores buscan acomodo en el sofá de su despacho y encienden dos apestosos puros. El mago continúa su actuación mientras las dos modelos se arreglan, sonríen y firman fotos brillantes de ellas mismas para que se las lleve a su mujer. Por fin, el mago termina su actuación.

Uno de los vendedores se levanta, le pone un brazo sobre los hombros, y usando con gran determinación su cigarro como un puntero, le suelta un discurso del que se sentiría orgulloso cualquier vendedor de la vieja escuela. El otro vendedor utiliza su teléfono, ignorándole. Durante su discurso, el primer vendedor intenta enseñarle el nuevo Wonk, pero por alguna razón no funciona. El hombre no se cohíbe. «Es un prototipo», explica, «pero confíe en mí, es lo mejor que jamás se ha fabricado en Wonk».

Cuando usted hace alguna pregunta, el primer vendedor se queda en blanco y mira al otro vendedor, que simplemente se encoge de hombros. «Pues este es un producto tan novedoso que tendríamos que llamar a la central para responderle a eso», contestan. Pero de todas maneras confían que hará un pedido.

¿Le suena? Bueno, quizá resulta un poco exagerado, pero hay una parte de realidad. Si no toleraría un comportamiento semejante como comprador, ¿por qué demonios debe considerarlo apropiado como vendedor? ¿Por qué será que muchas empresas creen que es necesario utilizar esta estrategia de marketing en una feria?

Las empresas que utilizan esta táctica tipo Hollywood para atraer a los compradores en las ferias están perdiendo de vista el verdadero objetivo de las mismas. De acuerdo, existe una gran diferencia entre hacer una llamada comercial por teléfono y exponer su producto delante de miles de clientes potenciales. Pero una feria es un medio para vender. Comprender el valor esencial de las ferias como una forma barata para llegar a nuevos compradores potenciales y conocer el resultado financiero que tienen en los resultados de su empresa resulta absolutamente necesario.

Por qué fracasa un expositor en una feria

Como consultor en el sector ferial, tengo la impresión de haberlo visto todo. Si analizo mi primera experiencia hace veintiséis años, me parece que los expositores no han cambiado mucho. A pesar de toda la información disponible para ayudar a las empresas a mejorar, siguen actuando como siempre. Y, por añadidura, siguen quejándose de que las ferias carecen de un beneficio cuantificable en relación con su inversión.

Esta actitud sigue frustrando a los organizadores de las ferias. Cada vez más las ferias sectoriales o de consumo intentan educar a sus clientes sobre cómo exponer con éxito, pero obtienen resultados muy mediocres. Los expositores se quejan de las ferias, pero se niegan a hacer nada para cambiar.

¿Por qué adoptan esta actitud tan apática e indiferente las empresas? Pienso que hay siete razones por las que la mayor parte de los expositores falla a la hora de utilizar las ferias eficazmente.

1. *Las ferias son la fórmula de marketing más complicada.* En realidad, en el marketing ferial convergen casi todas las herramientas de ventas y de marketing que existen. El correo, el telemarketing, la publicidad en los canales de distribución, los folletos, los carteles exteriores, la televisión, las relaciones públicas, y literalmente las mil herramientas del marketing forman parte del arsenal del responsable de una feria. Una feria bien planificada tiene en cuenta todas y diseña una estrategia que es una mezcla de muchas de ellas. La mayoría de las empresas nunca dedican tiempo para analizar las sinergias que pueden aplicar, y en consecuencia, jamás llegan a desarrollar el potencial singular que tienen las ferias. En la feria anual de la American Health Care Association, DRIpride Corporation aplicó una combinación de once instrumentos de marketing y consiguió un gran éxito. En los seis meses posteriores a la feria habían conseguido un rendimiento quince veces superior a la cantidad que habían invertido en la feria.

2. *Cada feria es diferente.* Cada feria tiene sus propias características, determinadas por factores como la localización, el número de asistentes, el momento, la competencia, la situa-

ción del sector, el número de expositores, el acceso a la formación, etc. Sin embargo, la mayoría de expositores trata todas las ferias de igual manera, año tras año. Para tener éxito, las empresas deberían analizar el potencial de cada feria y desarrollar la mejor estrategia para cada una de ellas.

3. *La mayoría de las empresas exponen por motivos equivocados o poco realistas.* ¿Cuántas empresas fundamentan su decisión sobre exponer o no respecto al número total de asistentes? Les dicen que más de 10.000 compradores pasarán por la feria y calculan que podrán obtener varios miles de nuevos contactos de clientes potenciales. Sin embargo, carecen de un plan o de la capacidad para identificar o hacer el seguimiento de esos clientes potenciales. ¿Cuántas empresas deciden estar presentes en una feria simplemente porque piensan que su ausencia daría que hablar? Las ferias son herramientas de marketing extraordinarias si se usan correctamente y con realismo. Por desgracia muchas empresas no comprenden que la auténtica forma de cuantificar el potencial de una feria radica en su capacidad máxima de generar ventas y en la parte de esas ventas a la que las empresas pueden aspirar de una forma realista. Mientras varios miles de visitantes pasaban por delante, un expositor en una feria importante (Westec) cerró su stand para atender exclusivamente a 50 visitantes con invitación. Buscaban calidad, no cantidad.

4. *La mayoría de las empresas no saben cómo valorar el éxito de las ferias.* Cuando llega el momento de cuantificar la rentabilidad del dinero invertido, la mayoría de las empresas carece de un sistema. Como consecuencia, cuando se hace necesario apretarse el cinturón, la inversión en ferias suele ser la primera en sufrir los recortes. Si el expositor es incapaz de predecir con precisión el potencial de ventas de una feria y de elaborar un plan para hacerlas realidad, la feria

no recibirá su presupuesto de marketing. A lo largo de la corta historia del sector en Estados Unidos, cada una de las diferentes ferias ha experimentado esta dura realidad.

5. *La mayor parte del personal de una feria no sabe para qué está ahí ni qué debe hacer.* Es muy común que el personal que asiste a una feria reciba escasa o nula información previa. Con demasiada frecuencia se limita a: «Aquí tienes el plan de viaje y el número del stand. Nos vemos allí». O, en ocasiones la empresa organizará una reunión previa a la feria, pero se centrará exclusivamente en la presentación de nuevos productos y en la formación. Sin embargo, existe una gran diferencia entre trabajar sobre el terreno o en una feria, pero la mayor parte del personal nunca ha recibido la formación necesaria para comprender esas diferencias o para recibir a las visitas en una feria. El personal de un stand es el factor más importante y al mismo tiempo el más olvidado para conseguir que una feria tenga éxito. La razón es el punto número 6.

6. *Los expositores gastan la mayor parte de su tiempo y dinero en el lado incorrecto de la ecuación.* Yo entiendo una feria como una doble ecuación: hardware y software. Bajo la columna del hardware tenemos variables tan importantes como el alquiler del espacio, el diseño y construcción del stand, el transporte, la distribución, la investigación y el desarrollo, los servicios feriales, etc. Bajo la columna de software están herramientas como marketing por correspondencia, el telemarketing, el personal del stand, los diseños, los prospectos, el seguimiento posterior a la feria, etc. ¿Qué factor de la ecuación proporcionará a la empresa una rentabilidad mayor? El del software, claro está. Sin embargo, ¿cuál de los dos recibe la mayor parte del tiempo, energía y dinero? El del hardware, sin duda. ¿Qué es lo que falla aquí? Después de que un banco hubiera formado a su per-

sonal específicamente para una feria, se negociaron créditos por un importe superior a tres millones de dólares.

7. *Nadie les ha enseñado.* Pida a cualquier expositor que haga memoria y recuerde su primera feria y formúlele la siguiente pregunta: ¿quién le enseñó cómo trabajar durante la feria? La respuesta mayoritaria será: nadie. Y ¿cómo aprendieron? Lo más probable es que aprendieran observando y copiando a otros expositores. Como resultado, todos ellos tienden a pensar y actuar de igual forma. La competencia en las ferias comerciales no genera creatividad ni innovación. Genera conformismo.

Durante años los organizadores de ferias han intentado con buena voluntad educar a los expositores mediante revistas, envíos de boletines, e incluso seminarios. Por desgracia, nadie lee la correspondencia ni va a los seminarios. ¿Por qué? Porque piensan que saben lo que hacen.

¿A dónde nos lleva todo esto? A una situación envidiable. Puede hacer de las ferias su herramienta de marketing más poderosa y rentable. Y sin embargo, la mayoría de los expositores fracasan a la hora de rentabilizar su efectividad. Esto deja la puerta abierta a aquellas empresas preparadas para organizarlas correctamente.

Este libro le mostrará por qué su empresa debe organizar la próxima feria de una manera más agresiva, y cómo hacerlo para aumentar su rentabilidad.

Por qué tiene éxito un expositor en una feria

Ventas con costes competitivos

El valor de una feria se puede calcular mediante simples operaciones aritméticas. Un estudio demostró que el coste promedio de una llamada comercial es de 229,7 dólares. Este estudio determinó también que se necesita un promedio de 5,5 llamadas para cerrar una venta, elevando el coste total a 1.263,35 dólares por venta realizada.[1] Compare estas conclusiones con el informe del Trade Show Bureau (llamado ahora el Exhibition Industry Research) que calcula un coste promedio de 106,70 dólares por cada venta iniciada en una feria, que sólo requiere 0,8 llamadas de seguimiento como media para cerrar la venta definitivamente, lo que representa un coste promedio de 290,46 dólares. En pocas palabras, por cada venta conseguida sobre el terreno, usted puede generar cuatro ventas en una feria. ¡Eso sí que es alta rentabilidad!

Acceso a clientes potenciales

Todos somos conscientes de que los vendedores se sienten más cómodos cuando tienen que llamar a clientes con los que llevan años trabajando. También tienden a pensar que conocen su zona mejor que nadie. Pero ¿conocen realmente a todos sus clientes potenciales? Es dudoso. Siempre existen oportunidades nuevas. La mayor dificultad para establecer nuevos contactos radica en una característica humana básica: todos queremos ser aceptados, y una llamada fría es dura para el ego. No resulta agradable; suele comportar rechazo y es desmoralizadora. Implica salir del territorio conocido y llamar a extraños para pedirles una cita. Y eso es difícil. Llegar a hablar con la persona adecuada es muchas veces como perderse en un laberinto lleno de caminos sin salida y decepciones. En consecuencia, no resulta sorprendente que las personas intentemos evitar salir de nuestro territorio seguro.

---

1. McGraw Hill Lab of Advertising Performance (1985). La fuente específica es «Trade Show Bureau Research Report N.º 2.020», julio 1986.

Por desgracia, el crecimiento de una empresa exige encontrar nuevos clientes. Afortunadamente, las ferias representan una de las mejores y más rentables formas de encontrarlos. Una de las cosas buenas de las ferias es que los compradores se acercan al vendedor. Ellos reservan varios días en sus agendas para viajar a una feria. Están fuera de su castillo. Los compradores se encuentran allí para buscar nuevos productos para sus empresas. Lo crea o no, si tiene un producto que se adecua a sus necesidades, él o ella estará dispuesto a comprarlo. De hecho, las ferias de nivel nacional más fuertes atraen a miles de clientes potenciales.

Según el Trade Show Bureau Report en las ferias de nivel regional un 92 % de las personas que entraban en un stand no habían sido contactadas por un vendedor de esa compañía el año anterior. A nivel nacional, un impresionante 84 % de las relaciones establecidas por los expositores eran de empresas que no habían recibido ningún contacto durante más de un año.[2] Si recibes, por ejemplo, 200 visitas de compradores en una feria de ámbito nacional, 168 serán contactos nuevos. ¿Cuánto tiempo le llevaría a su equipo comercial conseguir 168 nuevos clientes potenciales?

La venta en tres dimensiones
Las ferias tienen una gran ventaja frente a los periódicos, las revistas, la radio, los carteles exteriores, la televisión e incluso las ventas sobre el terreno: en una feria se puede exponer el producto real de la mejor forma posible. ¿Vendes maquinaria pesada? Tu cliente potencial puede subirse a la grúa y recibir una demostración en directo de lo bien que funciona. ¿Fabricas palomitas? Un anuncio no tiene ni punto de comparación frente al olor y el gusto de las palomitas recién hechas.

2. «Trade Show Bureau Research Report N.º 22», Mayo 1984

La compra concentrada en un lugar

¿Se ha comprado unos zapatos hace poco? ¿Vio unos que le gustaron y llamó a la zapatería para encargarlos, o simplemente compró los primeros que vio en la primera tienda por la que pasó? Por supuesto que no. Se probó unos cuantos pares en Steve's Shoes, luego fue a Shoes R Us para mirar lo que tenían. Siguió hasta Shoe City y por último se acercó a la tienda de If the Shoe Fits. Comparó estilos, precios y colores antes de decidirse definitivamente; y todo esto lo pudo hacer en un solo lugar, un centro comercial.

Esta misma ventaja la encuentra en las ferias. Se parecen a un centro comercial temporal. La presencia de todos los competidores acelera el proceso de compra. Asumamos que un cliente potencial se interesa por un tipo determinado de producto. Si el interés está provocado por un anuncio en una revista, él o ella tendrán que descolgar el teléfono o escribir solicitando más información. En una feria el cliente potencial puede acercarse a su stand, presenciar una demostración, hacer preguntas, visitar a otros fabricantes de productos similares, cada uno de los cuales ofrecen unas características diferentes. Estos contactos personales generan un sentimiento de inmediatez que acorta el proceso de la compra.

Probar nuevos productos

¿Existe una forma más efectiva de llamar la atención sobre un producto nuevo que presentándolo en una feria? Los compradores están buscando siempre novedades, pero en la mayoría de las ferias lo que encuentran son los mismos modelos del año anterior con colores nuevos. Se acaban cansando de esta rutina. ¡Lo que quieren de verdad es ver algo nuevo! Esta búsqueda le abre la posibilidad de llamar su atención con un reclamo en su stand: «¿Ha visto nuestro aparato multinivel, de velocidad variable y oscilante? ¡Es una novedad!» Una vez que ha conseguido que se detengan a conocerlo, puede aprovechar y enseñarles también el modelo del año pasado con sus nuevos colores.

Las ferias permiten igualmente una evaluación inmediata sobre las posibilidades comerciales de un producto nuevo. ¿Les gusta a los compradores? ¿Tiene un precio excesivo o demasiado bajo? ¿Es necesario un diseño diferente? ¿Lo comprarán? Yo solía llevar a las ferias los prototipos de productos para comprobar cuántos pedidos conseguía antes de iniciar su producción. En lugar de poner en marcha un proyecto de investigación de mercado carísimo, de convocar dinámicas de grupo y de estudiar pilas de números, simplemente lleve unas muestras a una feria importante. A los compradores de las grandes empresas se les paga precisamente para anticipar si un producto funcionará o no. Si tiene éxito entre los compradores en una feria, puede apostar sin miedo a equivocarse que será un éxito de ventas.

El crecimiento del sector

El sector de las ferias es enorme. Según el Center for Exhibition Industry Research (antes el Trade Show Bureau), las empresas norteamericanas invierten más de 60.000 millones de dólares en ferias comerciales cada año, para llegar a una audiencia de más de 60 millones de visitantes. En Estados Unidos existen más de 10.000 ferias regionales, nacionales e internacionales, con una participación de más de 50.000 empresas. Entre estas, las 4.315 ferias más importantes convocan a una media de 26.869 visitantes que pasan por 306 expositores.[3] Las

3. El Center for Exhibition Industry Research es una organización educativa y de investigación financiada por las asociaciones del sector ferial y por las empresas. La cifra de 4.315 ferias comerciales procede del Tradeshow Week

empresas invierten más dinero en las ferias que en la publicidad en revistas, radio y exterior. Sólo los diarios y la televisión reciben una inversión, sustancialmente superior en televisión.

Las inmensas ferias de hoy en día son muy diferentes de los bazares de los tiempos bíblicos, que se localizaban originalmente en los cruces de las rutas de las caravanas. Durante siglos los bazares fueron los centros para la compra-venta de bienes, servicios, información e incluso de personas.

La primera feria como tal fue la Feria Mundial de 1851 en Londres. Se celebró en el efímero Palacio de Cristal, y representó un escaparate para los logros del Imperio Británico, que estaba entonces en su punto álgido. El objetivo de la Feria Mundial era fomentar la presencia de las empresas británicas en los mercados internacionales. (En Norteamérica, las ferias no comenzaron a existir como tales hasta la era de la producción en cadena.)

Las exposiciones modernas, en lugar de dedicarse al comercio en general se han especializado. Si existe una industria o un mercado para un producto, probablemente también existirá una feria. Los productos sanitarios, el hardware y software de los ordenadores, la electrónica de gran consumo, los soportes publicitarios, los juguetes y los automóviles son ejemplos de sectores que poseen sus ferias especializadas.

A medida que va aumentando el número de exhibiciones comerciales, también crece el de compañías que exponen y el de personas que las visitan. El panorama del mundo ferial se ha hecho tremendamente competitivo. ¿Seguro? A pesar de que cualquier feria de tamaño medio es una demostración de la creatividad en el diseño de stands y la aplicación de estrategias de presentación sofisticadas, una mirada más atenta revelará

Data Book del año 1995, publicado por el Tradeshow Week de Los Ángeles, California.

un comportamiento por parte de los expositores bastante pobre: la falta de atención a un cliente potencial mientras observa un producto expuesto, personas comiendo y fumando en el stand, la charla incontenible con la atractiva modelo de turno mientras los clientes pasan por delante, el desprecio por los clientes al habla por teléfono delante de ellos, por señalar sólo algunos ejemplos.

Es evidente también que hay unas pocas empresas que se toman en serio sus ferias. Conocen sus productos, reciben atentamente a sus clientes potenciales en sus stands, identifican agresivamente a sus compradores y están atentos a cualquier oportunidad. Esos expositores sacan partido de las ferias.

Participar en una feria es una tarea simple. No estoy afirmando que sea un proceso fácil, sino que es simple. Darse cuenta del valor de una feria y reconocer su importancia para su plan de marketing representa por sí solo un gran trecho del camino hacia el éxito.

Refuerzo competitivo

¿Su empresa no cuenta con el presupuesto de marketing de General Motors, Procter & Gamble, Sony o Epson? No se preocupe. Mi propia experiencia me dice que las empresas pequeñas cuentan en las ferias con cierta ventaja y en ocasiones con un posicionamiento de marketing superior frente a las grandes compañías. Las razones son sencillas. Una feria nacional o internacional normal cuenta con cientos de expositores. Los compradores no pueden ver a todos y se ven obligados a seleccionar. Por supuesto que pasarán a visitar el stand de las empresas con stands enormes, de más de 300 metros cuadrados y tres pisos de altura. Pero dado que las ferias están abiertas un total de entre 25 y 30 horas repartidas en pocos días, la mayoría de los compradores dedican una hora a esos grandes expositores y sus interminables líneas de productos, y eso es todo. Ellos se reservan tiempo para pasear por el resto de la feria y conocer pequeñas empresas, porque es precisamente allí donde encuentran nuevas ideas interesantes. De hecho, los compradores pasan más tiempo con expositores pequeños porque no los ven fuera de allí; con los grandes hablan cada semana.

En resumen, si se prepara bien, con un planteamiento de marketing agresivo previo a la feria, telemarketing, un stand atractivo, una buena atención y una localización aceptable, los compradores irán a verle.

2

La planificación de una feria

Los criterios de selección de una feria

Muchas empresas cometen el error de elegir una determinada feria simplemente porque todas las empresas de su sector estarán allí. Sólo las empresas más avezadas realizan una investigación exhaustiva antes de comprometer su valioso tiempo y su dinero. Establecen una serie de criterios para analizar el potencial de una feria contemplados desde la perspectiva de los planes de la empresa. Esos criterios se utilizan también para evaluar el resultado de ferias pasadas. Los tiempos y las tendencias van cambiando; una feria que hace cinco años era importante para la empresa puede que ya no ofrezca las mismas posibilidades comerciales. Un análisis crítico de cualquier feria es básico antes de comprometer un céntimo.

Antes de comenzar la búsqueda de la feria o ferias ideales, existe una serie de preguntas que debe contestar:

- ¿Cuáles son nuestros objetivos específicos para una feria?
- ¿Presentamos un producto nuevo?
- ¿Estamos relanzando la imagen de la empresa? Si es así, ¿qué tipo de imagen?
- ¿Deseamos contactar con nuevos clientes potenciales?
- ¿Nos interesa vender directamente?
- ¿Queremos desarrollar un listado de direcciones?

- ¿Obtendremos nuevos contactos comerciales para nuestro equipo de ventas?
- ¿Estamos buscando en el mercado nuevos productos o servicios?
- ¿Contrataremos nuevos distribuidores?
- ¿Podremos medir el éxito conseguido en relación con estos objetivos?
- ¿Cuál es nuestro mercado objetivo?
- ¿Cuál es la feria que atrae a nuestros mejores clientes?
- ¿Cuáles son las zonas de venta más importantes?
- ¿Participarán nuestros distribuidores en nuestro stand?
- ¿Podemos obtener subvenciones para asistir a una feria?
- ¿Qué ferias se adaptan a nuestra programación presupuestaria?
- ¿Qué ferias se adaptan a nuestra programación de producción?
- ¿Qué ferias pueden contribuir a resolver problemas de ventas?

La respuesta a estas preguntas determinará el tipo de feria que su empresa debería contemplar en su plan de marketing y le ayudará a establecer los criterios para analizar las diferentes ofertas feriales.

La elección de la feria adecuada

Una vez que haya establecido sus criterios debe comparar todas las ofertas posibles.

Si trabaja en un sector con un mercado integrado verticalmente (por ejemplo, los productos sanitarios, la electrónica de gran consumo, la pesca, las comunicaciones), puede investigar la oferta de ferias consultando diferentes fuentes. Póngase en contacto con cualquiera de las revistas del sector para obtener un listado de las próximas ferias; normalmente publican un número anual especial con el calendario de todas ellas. Algunas incluso lo publican con cada número.

Una fórmula alternativa es preguntar a su competencia dónde exponen ellos. Quizá sienta cierta resistencia a hacerlo, y a veces ellos tampoco querrán colaborar, pero lo peor que puede pasar es que ignoren su solicitud de información.

Las bibliotecas públicas disponen de buenas fuentes de información sobre negocios. Muchas de ellas tienen directorios de las convenciones y ferias que tienen lugar en todo el mundo. Diríjase a la sección de negocios y pida al bibliotecario que le ayude a localizar esta información. ¡Lo mejor de este sistema es que resulta gratis!

Una buena fuente de información es la *Tradeshow Week Data Book*. Proporciona información sobre ferias profesionales y de consumidores que tienen lugar en Estados Unidos y Canadá si superan una superficie de exposición mayor de 1.500 metros cuadrados. El problema es que este directorio cuesta 329 dólares. (La dirección del Tradeshow Week se encuentra en el Apéndice.)

Si está interesado en las ferias regionales, contacte con el centro ferial de su ciudad. Normalmente disponen del listado de ferias programadas en su región con varios años de antelación.

El análisis de la feria

Una vez que haya establecido sus objetivos, deberá hacer un análisis exhaustivo de la feria, incluso si su empresa lleva años exponiendo allí. Recuerde: los tiempos y las tendencias cambian, al igual que los mercados. Esa misma feria puede que ya no proporcione los resultados en relación con la inversión realizada que daba con anterioridad.

Información sobre la feria

Los catálogos comerciales y el dossier informativo que proporciona la empresa organizadora de la feria son los elementos más evidentes para comenzar su análisis. El dossier debería informarle sobre el público objetivo y las actividades complementarias previstas. Normalmente contiene una lista provisional de expositores, incluyendo a la competencia. Este tipo de dossier cubre un amplio abanico de información con el objetivo de llegar a un grupo grande de posibles expositores. Por ejemplo, la Feria de la Electrónica de Consumo incluye categorías como aparatos estereofónicos para coches, relojes, ordenadores, equipamiento para discotecas, productos electrónicos para la sanidad, teléfonos y videocasetes vírgenes. Lea el dossier con atención. ¿Está seguro de que esta feria es para usted?

La organización de la feria

Póngase en contacto con la organización de la feria para obtener más información. Averigüe el tamaño de la asistencia prevista y su perfil. ¿Disponen de un análisis de los visitantes del año anterior? Solicite un listado de los expositores del año anterior. ¿Cuántos años lleva esta feria celebrándose? Si es muy reciente, cuidado. Investigue el historial de la organización. ¿Han tenido éxito con otras ferias? ¿Qué tipo de publicidad y promoción piensan utilizar? ¿El correo? ¿La publicidad en los medios del sector? ¿Cuánta? ¿Con qué anticipación? ¿Cuál es su mercado objetivo? ¿Se auditan los resultados de la feria? ¿Con cuánta anticipación debe reservar el espacio? La mayoría de las ferias exigen un depósito considerable, y eso significa que está inmovilizando una suma considerable de dinero durante un período bastante largo. ¿Pueden los expositores montar sus propios stands? ¿Cuáles son los horarios de la feria? ¿Hasta cuándo se pueden extender? ¿Cuál es la altura y anchura de las entradas al recinto ferial? ¿Se deben tramitar las reservas de hoteles a través de la organización de la feria? ¿Existe alguna restricción en cuanto al nivel de ruidos, luz o la atención a los clientes? ¿Qué tipo de seguro tiene la feria?

La competencia y los demás expositores

¿Cuántas empresas han participado con anterioridad? Es importante saber si la feria está dominada por expositores con espacios grandes o pequeños. Si lo que hay son fundamentalmente stands de entre 18 y 23 metros cuadrados y usted sólo dispone de un expositor de sobremesa, quizás acabe perdido en la multitud. De igual forma, si la feria dispone únicamente de espacios pequeños y lo que usted está buscando es una isla de 200 metros cuadrados, quizá no tenga suerte. Como regla general, en las ferias nacionales, el espacio destinado a los megastands constituye un 30 % , y el 70 % restante es para los espacios entre 30 y 60 metros cuadrados. Este tipo de proporción garantiza un buen equilibrio.

¿Qué opinan las demás empresas de la feria? Hable con la competencia. No les está pidiendo información sobre costes o un listado de sus clientes, así que no se preocupe. Normalmente la gente está dispuesta a compartir sus opiniones sobre una feria. Pregúnteles si tuvieron algún problema (¿los servicios?; ¿los sindicatos?; ¿falta de público?; ¿el montaje?)

Localización

¿Dispone su empresa de personal de ventas preparado cerca de la feria? Incluso si se trata de una feria nacional, la mayoría de los asistentes procederán de aquella zona. Si no la tiene bien cubierta, quizás acabe desaprovechando un gran número de clientes potenciales.

Época del año

¿Coincide esa feria con alguna fiesta importante o evento relevante? He vivido ferias que se celebraron durante el 4 de Julio[4] o coincidiendo con una final nacional de béisbol. En ninguno de los dos casos fue una buena idea. ¿Y el calendario de sus clientes? ¿Hay un período de ventas especial? Si es así, asegúrese de que la feria tiene lugar con suficiente anticipación para responder a las necesidades de los compradores, y a su propia capacidad de producción. Manténgase atento a las tendencias de los compradores. Hace años, por ejemplo, en el sector de los juguetes los pedidos se realizaban entre tres y seis meses antes de la campaña de Navidad. En la actualidad la planificación de las compras se diseña con un año de anticipación.

¿Cómo encaja el calendario de la feria con el plan de marketing de su empresa? ¿Cuadra con el plan de lanzamiento y fabricación de nuevos productos? Las ferias suelen ser un buen momento para presentar nuevos productos, pero asegúrese que se corresponden con sus planes.

Una vez que ha analizado la feria, debe contrastar esa información con sus objetivos. Pregúntese dos cosas. En vista del análisis de la feria, ¿conseguirá mi empresa sus objetivos? Si este análisis no cumple con los objetivos corporativos, ¿debemos asistir? Esta no debe ser una cuestión de lo tomas o lo dejas. Con frecuencia las respuestas a estas cuestiones determinan cómo será nuestra participación. Quizá resulte aconsejable un stand más pequeño. Quizá la empresa podría gastar menos en publicidad y promoción. Quizá no necesite exponer y pueda conseguir algunos de sus objetivos simplemente visitando la feria y disponiendo de una habitación en un hotel para recibir visitas.

---

4. Fiesta nacional de Estados Unidos

Utilizando estas fuentes, debería ser capaz de recopilar suficiente información para determinar qué ferias son más apropiadas para su empresa.

La planificación previa

El trabajo empieza de verdad una vez que ha escogido la feria adecuada para su empresa. Para asegurar el éxito es imprescindible preparar un plan de acción detallado. ¿Es eso tan difícil?, podría preguntar. Una vez que ha seleccionado la feria, los siguientes pasos son sencillos, ¿o no? Todo lo que tiene que hacer es disponer de un stand, escoger la localización del mismo, preparar algunos productos, y ¡a la feria! ¿No es esta la forma en la que muchas empresas lo hacen?

Bueno, sí; esa es la manera que muchas empresas tienen de preparar sus ferias; esa es también la razón por la que muchas empresas están malgastando sus recursos de marketing. Por la misma razón, podrían ponerse en una esquina y comenzar a repartir billetes de 50 dólares.

Una feria bien planificada hará de usted y de su empresa grandes expertos en marketing. Las empresas mejor preparadas utilizan las ferias como una parte integrada y efectiva de su estrategia de marketing. Saben que en el proceso de planificación se juegan el éxito o fracaso de esa feria en particular.

A diferencia de muchos de los proyectos que acomete una empresa, una feria presenta una gran ventaja: tiene una fecha límite. Sabe los días en que se celebrará y puede organizarse a partir de ahí. Su plan debe tener varias partes:

* Los objetivos de la feria.
* El análisis previo a la feria.
* La planificación presupuestaria.

- La identificación del mercado objetivo.
- La elección de los productos a exponer.
- Los planes de publicidad y promoción.
- La coordinación del personal de la empresa.
- La elección del personal de la feria (¿piensa darles algún tipo de formación?).
- Las responsabilidades del personal.
- La generación de contactos comerciales.
- El seguimiento posterior a la feria:
- Alternativas.
- Calendario de la preparación.

La definición de los objetivos

En el pasado las empresas utilizaban las ferias como si fueran el número del poni y el perro en un circo. Mostraban sus productos, pero de una forma muy limitada, y con mucho misterio y teatro. Jamás vendían nada en la misma feria; en cambio, era para ellos una forma de establecer una relación cordial con sus clientes y potenciales compradores. Por desgracia, la mayoría de las empresas continúan pensando que las ferias funcionan así. No definen unos objetivos que se puedan valorar, y en consecuencia, carecen de un método para evaluar si la feria ha sido un éxito o no.

Las empresas todavía justifican su presencia en las ferias con razones etéreas. Escucho con frecuencia en boca de representantes de las empresas que acuden a ellas porque ayudan a potenciar la imagen de la compañía, resultan convenientes para las relaciones públicas, suponen un apoyo para el sector y son necesarias para mantener el tipo frente a la competencia. ¡Qué pérdida de tiempo y dinero! Estas actitudes están desfasadas; no las acepte. Si su agencia de publicidad viniera con una propuesta para realizar una campaña que incluyera la realización de un costosísimo *mailing*, sin un objetivo específico ni cuantificable, ¿qué haría? Lo más probable es que se buscaría otra agencia.

Las empresas llevan años afirmando que no pueden garantizar el éxito de las ferias. Reflexionemos un momento sobre esto. Cada año su empresa se sienta y elabora los presupuestos para el año siguiente, ¿verdad? ¿De dónde salen esos números? ¡Quizá la dirección haya tomado las cifras de años anterior y les haya aplicado un aumento de un 8 %! O quizá la experiencia de años pasados les permite formular proyecciones basadas en las tendencias y el análisis. Si esto se puede hacer para todo un año, es seguro que puede hacerse para dos o tres días.

Pero resulta que los visitantes acuden a las ferias en búsqueda de soluciones para los problemas de sus empresas, comparar proveedores, cerrar decisiones de compra, descubrir las nuevas técnicas y desarrollos en su sector y reunirse con especialistas técnicos. Saben que son responsables del dinero gastado. Deben justificar cada dólar. De hecho, mi experiencia me ha demostrado que los visitantes suelen tomarse las ferias más en serio que los propios expositores. Por ejemplo, yo he trabajado a lo largo de varios años para el Food Marketing Institute, organizando seminarios regionales sobre marketing ferial y sobre la atención en los stands. Jamás hemos llegado a superar el número de 150 expositores en esos seminarios. Organizamos un seminario sobre «Cómo sacar el máximo partido de una feria» destinado a los visitantes y ahora tenemos más de 1.000 participantes cada año. Los expositores deberían cuidar con igual esmero su dinero. Un responsable de ferias que quiera tener éxito deberá ligar la estrategia de su empresa con la de los visitantes para alcanzar unos objetivos específicos y cuantificables.

Cuando se disponga a definir esos objetivos, asegúrese que son cuantificables planteándose preguntas como ¿quién?, ¿cuántos?, ¿cuánto? Algunos objetivos que debería tomar en consideración son los siguientes:

Estimación de las ventas

Las ventas reales (en facturación o en unidades) pueden basarse en las ventas realizadas *in situ*, la venta promedio por cliente, las ventas a los clientes anteriores, las ventas a clientes nuevos, venta por producto, y las ventas conseguidas en un período determinado de tiempo posterior a la feria. Es importante que sea realista en sus proyecciones, y no se limite a sacarse un número de la chistera. Por ejemplo, si espera conseguir pedidos de sus clientes actuales, escriba los nombres de los que pasarán por la feria. Intente proyectar el porcentaje de los mismos que le harán algún pedido. Determine una cantidad promedio por pedido y multiplíquela por el número de pedidos para establecer un objetivo de ventas.

Establezca un objetivo de contactos a realizar

Una vez más, lo importante es ser realista. Si sólo dispone de dos personas para atender una feria que está abierta un total de 22 horas, no espere establecer 1.000 contactos, incluso si hay 100.000 visitantes. Simplemente no lo conseguirá. Como norma básica, calcule que un vendedor puede establecer seis contactos por hora. El ejemplo previo de dos personas atendiendo el stand durante las 22 horas que la feria permanece abierta da como resultado:

2 vendedores × 6 contactos/hora = 12 contactos/hora

12 contactos/hora × 22 horas = 264 contactos en la feria

Por supuesto que este número es sólo una estimación. Algunos productos generan más contactos por hora que otros. Además, las visitas de quienes ya eran clientes antes de la feria también se deben incluir en el total de contactos por hora.

Por lo tanto, utilizando el ejemplo anterior, por cada 22 visitas de clientes actuales que recibe, dispondrá de un posible contacto nuevo menos. Recuerde que este número representa contactos realizados, y no todos son clientes potenciales reales.

La fórmula de Miller

Se trata de una fórmula que desarrollé hace años y que puede ayudarle a establecer sus objetivos:

	1.	Total de horas de la feria
×	2.	Personal del stand durante cada hora
=	3.	Disponibilidad de personal total (horas)
×	4.	Número de contactos/hora
=	5.	Contactos totales de la feria
×	6.	Porcentaje de visitantes de su mercado objetivo
=	7.	Número total de contactos alcanzados
×	8.	% de pedidos realizados
=	9.	Número total de ventas realizadas (¿hasta cuándo?)
×	10.	Venta promedio
=	11.	Ventas totales
×	12.	Duración de la relación comercial
=	13.	Rendimiento de la inversión a largo plazo

Veámoslo con un ejemplo.

Supongamos que la feria está abierta durante un total de 20 horas (1) y dispone de cuatro personas para atender el stand cada hora (2). Esto representa un total de 80 horas a lo largo de toda la feria (3). El personal de su stand puede atender a quince personas por hora (4), lo que significa que atenderán a 1.200 visitantes. Según sus datos, aproximadamente un 16 % de los visitantes encajan con su mercado objetivo (6). Esto quiere decir que después de atender e identificar a 1.200 visitantes, su personal habrá recibido a 192 personas que corresponden a su objetivo (7). Sabe por experiencia que su personal cierra aproximadamente un 20 % de las posibles operaciones comerciales (8), lo que representa aproximadamente 38 ventas (9) en seis meses. Sus pedidos suponen 5.000 (10) dólares como promedio, lo que reportaría una facturación de 190.000 dólares (11). Su cliente tipo continúa sus relaciones con su empresa por un período de cuatro años (12), lo que implica una facturación a largo plazo de 760.000 dólares.

Puede emplear esta fórmula para elaborar proyecciones cuantitativas para su próxima feria, basadas en los objetivos específicos que defina. Si su objetivo es realizar ventas *in situ*, su proyección se basará en el punto número 9, 38 operaciones. Si su objetivo es generar contactos comerciales, entonces debe considerar el punto número 7, 192 contactos.

Potenciar las relaciones
Como ya he dicho, estoy convencido de que el objetivo de una empresa debe ser crear y mantener relaciones a largo plazo. Con frecuencia, las empresas asisten a las ferias obsesionadas con la búsqueda de nuevos clientes, pero ignoran potenciar los ya existentes. Las ferias ofrecen grandes posibilidades para reforzar la voluntad de sus clientes de trabajar con su empresa. Piense que puede aprovechar su profundo conocimiento de su compañía para preparar presentaciones personalizadas, y esto

da a sus compradores la base para diferenciar su empresa de sus competidores.

Con la única excepción de las empresas recién creadas, o de aquellas que están explorando un mercado nuevo, considero que debe plantear unos objetivos complementarios, que tengan en cuenta tanto la búsqueda de nuevos compradores como el mantenimiento de los clientes actuales.

Algunas consideraciones adicionales

Tenga en cuenta las siguientes ventajas adicionales que representa la asistencia a una feria.

* Una feria es una buena oportunidad para introducir un producto ya existente en un mercado o en un sector nuevos. Las posibilidades de realizar nuevos contactos y lograr acuerdos comerciales son grandes. La presentación en una feria de un producto o un servicio nuevos, o de una nueva aplicación de uno ya existente, es también una buena alternativa.

* La feria facilita la promoción de algún producto o de la imagen de la empresa entre los visitantes, en un determinado sector o en una región específica. Los galardones y la aparición en los medios de comunicación son dos formas de alcanzar estos objetivos.

* Permiten conocer mejor a tu competencia y las tendencias del sector. Detectar las novedades, lo más comentado o lo que está teniendo más éxito le permitirá ampliar sus conocimientos sobre su producto, y fortalecerá su posición en el sector.

* Las ferias son una oportunidad para realizar investigaciones de mercado sobre nuevos productos. Podrá conocer la respuesta del mercado sobre los colores de sus productos, su precio, su recepción y consideración. Esa investigación

le puede permitir también detectar oportunidades de mercado no cubiertas.

- Sus clientes tienen la oportunidad de conocer a los altos directivos de su empresa y al servicio técnico. Con frecuencia, sus clientes no llegan nunca a conocer a estas personas. Su relación con los clientes se verá reforzada por este contacto directo.

- Integre la feria dentro de su plan de marketing. No cometa el error de dejarlo fuera del mismo. Su empresa tiene unos objetivos generales; conecte esos objetivos con los de la feria. Desarrolle una relación sinérgica entre las ferias, el marketing directo, las relaciones públicas de la empresa, la publicidad y todos los elementos de la estrategia de marketing.

La elaboración del presupuesto

Una vez que ha tomado la decisión de asistir a una feria, el siguiente paso es la elaboración de un presupuesto. Esta es una parte sencilla, pero necesaria, de la planificación. La cantidad de dinero que destine está en relación con los objetivos marcados y con el potencial que tenga la feria. Existen siete apartados básicos dentro del presupuesto: el alquiler del espacio, el stand, el envío y almacenamiento, los servicios feriales, el personal, la publicidad y promoción, los desplazamientos y la atención a los clientes. Cuando inicie la planificación de la feria, calcule su presupuesto de acuerdo con estos apartados (ver cuadro 2-1).

Si dispone de datos sobre ferias anteriores, utilícelos para determinar la mayoría de las cantidades; y recuerde que es sólo una estimación, no una pauta estricta. Si separa cada apartado en partidas más detalladas podrá definir los gastos con más facilidad.

Alquiler del espacio

La mayoría de las empresas no se paran a pensar qué espacio desean reservar. Los expositores nuevos y las compañías pequeñas firman automáticamente reservas de espacios de 3 metros lineales y comienzan a planificar a partir de ahí. En términos prácticos, el espacio que reserve debe estar directamente relacionado con sus objetivos y con la cantidad de personas que pasarán por el stand.

Por ejemplo, imagine que asiste a una feria que estará abierta durante un total de 24 horas. Su información le indica que visitarán la feria 80 de sus clientes actuales, y ha establecido el objetivo de recibir al 75 % de ellos. También se ha marcado el objetivo de generar 300 nuevos contactos. En consecuencia, el número de personas que pretende ver es de 360.

Por descontado que habrá un cierto porcentaje de visitas que entrarán en su stand pero que no serán compradores inte-

Cuadro 2-1. Presupuesto estimado

PRESUPUESTO		
	Estimado	*Real*
1. Alquiler del espacio	_____	_____
2. Stand	_____	_____
3. Envíos y almacenamiento	_____	_____
4. Servicios feriales	_____	_____
5. Personal	_____	_____
6. Publicidad y promoción	_____	_____
7. Desplazamientos y atención a clientes	_____	_____
Total	_____	_____

resantes. Quizás estén buscando algo en particular que su compañía no produce. Quizá sean periodistas del sector (son importantes, pero no son compradores potenciales). Quizá sean antiguos colegas que se paran a charlar sobre los viejos tiempos. Quizá sólo sean personas despistadas; son gente que no tiene relación directa con esa feria en concreto pero que la visitan de todas formas. Un despistado de éstos puede ser simplemente un vecino de la zona que se pasa por la feria para pasar el día; o puede ser el cónyuge de alguien que está trabajando dentro. Es importante que evite perder el tiempo con ellos. Recuerde que en una feria dispone de un número limitado de minutos para aprovecharlos de una forma eficaz; no los malgaste con ese tipo de personas.

Después de pasar un par de minutos con una visita, formúlese la siguiente pregunta: «¿El tiempo que estoy empleando ahora mismo me acerca a mis objetivos?» Si la respuesta es no, intente acabar cuanto antes la conversación. No se preocupe por parecer maleducado. La mayoría de los auténticos compradores potenciales estarán deseando seguir su ruta también. Puede decir: «Veo por nuestra conversación que no disponemos del producto/servicio que busca. No quisiera hacerle perder más tiempo, porque sé que hay muchos otros expositores que quiere ver. Gracias por su visita».

Existe una excelente herramienta para administrar el tiempo que puede comprar en cualquier tienda de material de oficina y repartir entre el personal del stand. Se trata de pequeñas etiquetas redondas de colores de unos seis milímetros. Un paquete de estas etiquetas puede costar unos dos euros y le ayudará a mantener a su personal atento a lo largo de toda la feria.

Reparta a cada miembro de su equipo una de estas etiquetas y pídales que la coloquen sobre el cristal de su reloj, pegada justo en el centro. En las ferias se suele mirar el reloj con más frecuencia que en otras circunstancias. «Oye, ¿sólo llevo una hora aquí?», la pequeña etiqueta (yo particularmente prefiero el verde porque representa el color del dinero para mí) aparece en ese momento y les recuerda que deben formularse la siguiente pregunta: «Lo que estoy haciendo ahora, ¿me acerca o me aleja de mis objetivos?» Si están perdiendo el tiempo, eso les hará ponerse en movimiento de nuevo.

Independientemente de la rapidez con la que se deshaga de los visitantes sin interés, siempre acaban robándole algo de su tiempo. Por ejemplo, si durante una feria que dura 22 horas, emplea dos minutos con tres personas irrelevantes cada hora, habrá malgastado un total de 132 minutos, ¡más de dos horas de su tiempo!

Debido a esos visitantes no idóneos, existe un factor R que debe tener en cuenta; la R procede de la palabra «Rechazar». Un cierto porcentaje de las personas con las que entra en contacto serán inmediatamente rechazadas en el proceso de identificación. Por lo tanto, la siguiente pregunta es ¿qué porcentaje de personas que se acercan al stand será rechazado? Si no dispone de datos de ferias anteriores, este número es difícil de prever. Algunas empresas grandes han investigado este factor, y el porcentaje fluctúa entre el 16 % y el 50 %. Saber de antemano el porcentaje de visitantes con un interés auténtico en sus productos puede ayudar a determinar ese porcentaje. Si expone un dulce especial en una feria de alimentación especializada, el interés será mayor que si está exponiendo en una feria del regalo. Un buen número, para comenzar, es un factor de rechazo del 25 %; ajuste este porcentaje en función de sus conocimientos sobre el perfil de los asistentes a cada feria.

Volvamos a nuestro ejemplo anterior e introduzcamos ese 25 % del Factor R. Nuestro objetivo es conseguir 360 contactos relevantes en la feria. 60 de los mismos serán ya clientes suyos, por lo que debemos conseguir 300 nuevos contactos. Si rechazamos un 25 % de los contactos, el 75 % restante debe ser válido. El cálculo sería el siguiente:

Contactos totales × 75% = 300 contactos válidos
Contactos totales = 400

Si sumamos los 60 clientes activos a este número, el total de visitantes se eleva a 460. Este número le ayudará a definir el personal que necesita para atender el stand y el espacio que necesita alquilar.

Ya ha determinado que necesita realizar 460 contactos en 22 horas. Eso representa un promedio de 21 contactos por hora. Si asume que un vendedor realiza seis contactos en una hora, necesita cuatro personas en el stand durante todas las horas (21 divido entre 6 = 3,5). Redondee esta cifra hacia arriba a cuatro o, si no le queda más remedio, a tres.

Le sugiero que planifique más de un turno para sus vendedores. Después de un par de horas seguidas en una feria, un vendedor empieza a dejar de ser efectivo. En este ejemplo, necesitaría ocho representantes repartidos en dos turnos.

Diferentes estudios afirman que cada vendedor necesita aproximadamente 5 metros cuadrados de espacio libre para trabajar. Además, el expositor deberá calcular el espacio que necesita para el stand, los productos, las mesas y sillas; añade otro 50 % de espacio para dichos fines. Por lo tanto, por cada persona trabajando necesita 7 metros cuadrados de espacio. Cuatro vendedores necesitan unos 28 m². Estas son las cifras por vendedor y visitante. Los cálculos se muestran en la sección sobre diseño de stands.

Una vez que haya definido el número de personas que necesita y la superficie correspondiente, puede presupuestar el alquiler del espacio.

Pero seamos sinceros. Esos cálculos están destinados para situaciones ideales. No todos nos podemos permitir stands de 28 m². Sin embargo, estas fórmulas le proporcionan un sistema de evaluación de sus objetivos. ¿Prevé lograr 300 nuevos contactos cuando sólo se puede permitir un stand de 10 m²? Quizá debería replantearse sus objetivos si quiere ahorrarse la frustración por los resultados después de la feria.

No se desanime si sólo puede realizar 120 nuevos contactos en una feria. ¿Qué porcentaje de esos contactos será capaz de transformar en clientes? ¿Si sólo consiguiera hacer 10 nuevos clientes, qué volumen de negocio representarán a lo largo de los próximos diez años? Sea realista con sus objetivos, pero no olvide tampoco que una feria puede ser muy rentable en relación con sus costes.

Costes del stand

Aquí se nos plantean muchos interrogantes. ¿Dispone de un stand? ¿Cuántos años tiene? ¿Es lo suficientemente grande para el espacio que necesita? ¿Qué tipo de adaptación necesita? ¿Encaja su diseño y colores con la imagen corporativa y sus objetivos? ¿Está hecho a medida o es transportable? (Me detendré con más detalle en el diseño y construcción del stand en el capítulo 3. Aquí sólo estamos considerando el aspecto presupuestario.)

Diseño y construcción. Antes de entrar a discutir los cómos y qués del diseño y construcción de un stand, hablemos primero del porqué. ¿Para qué necesito uno? ¿Cuál es su objetivo?

Oirá a mucha gente, especialmente a los diseñadores, decir que un stand es una prolongación de su empresa. Simboliza su posición en el sector, y por tanto debe diseñarse teniendo esto en cuenta. También le dirán que el stand es como el segundo hogar del personal que trabaja en él, el lugar en el que presentan los productos o servicios de su empresa. Es cierto que un stand representa a su empresa y da apoyo a su personal, pero ninguna de estas funciones es su objetivo prioritario.

El objetivo primordial de un stand es muy sencillo:

Conseguir atraer a su público objetivo.

Recuerde: si su stand logra atraer la atención de todo el mundo, tendrá mucho trabajo para separar los visitantes que le interesan de los que no. Si intenta complacer a todo tipo de gente, significa que no dirá nada a las personas que busca. Y si su público objetivo no se detiene en su stand, entonces la feria se ha terminado para usted.

Así que recuerde el objetivo prioritario del stand cuando se reúna con la empresa o diseñador encargados del mismo.

¿Necesita un stand personalizado? Si es así, tendrá que encargar su diseño. Existen dos formas de hacerlo, cada una con una implicación diferente para su presupuesto.

Puede contratar un especialista en diseño de stands. Esto suele ser caro, pero si su presupuesto se lo permite, le será más fácil alcanzar sus objetivos. Este especialista debería realizar un diseño que permita transportar, montar y conservar el stand con facilidad. Exhibit Surveys, por encargo de Trade Show Bureau, estableció un coste promedio para la realización de stands personalizados de 2.640 dólares por metro lineal para los stands frontales y de 445 dólares por metro cuadrado para espacios aislados o semiaislados.[5]

La mejor manera de localizar un buen diseñador o empresa especializada es preguntando a otros expositores. Cuando esté en una feria, fíjese en los stands mejor diseñados, y entérese de

---

5. Estas cifras proceden del «Trade Show Bureau's Research Report N.º 2.060», noviembre 1988

los nombres de sus diseñadores. Si no puede localizar ninguno de esta forma, busque en las Páginas Amarillas o contacte con la Asociación de Diseñadores y Fabricantes de Stands y solicite un listado de sus miembros.

Si cuenta con un diseñador en plantilla capaz de plantear y construir un stand que cumpla sus requisitos, excelente. Pero asegúrese de que realmente sabe lo que hace. Diseñar un stand fácil de transportar, fácil de montar y de desmontar no es una tarea sencilla. Si decide hacerlo con su propia gente únicamente por razones económicas, se está equivocando.

Logotipos. Si diseña o encarga un stand nuevo, los logotipos serán los actuales; si no es así, asegúrese de que esos logotipos son los correctos. A pesar de que no resulta barato adaptar esos logotipos para cada feria, es absolutamente necesario hacerlo. Solicite un presupuesto a su diseñador.

Reparaciones. Las ferias tratan los stands con dureza. Durante el montaje, desmontaje y transporte los stands sufren maltratos. Independientemente de lo resistentes que sean, reciben golpes que acaban por notarse. Debe prever una reparación anual del stand. Recuerde que su stand es su escaparate. Será lo primero que todo el mundo vea desde el pasillo. Si se encuentra en mal estado, sucio, gastado, con los bordes rotos o pobremente iluminado por falta de bombillas, esa será la impresión que sus clientes actuales o futuros se formarán de su empresa. Contacte con su montador para conocer el coste de la reparación.

Los productos a exponer. Quizá su empresa tenga que fabricar expresamente los productos que se han de exponer. Incluya esa partida en el presupuesto.

Alquiler de stands. Quizá no desee comprar un stand. Es posible que no quiera comprometerse para futuras ferias, o que su empresa tenga su único stand ocupado en otra feria. El lado bueno de esta situación es que no tendrá que preocuparse del transporte, montaje y desmontaje o del coste de almacenaje. El aspecto negativo es que los stands de alquiler suelen ser aburridos y no destacan si se trata de una feria concurrida.

Stands reutilizados. Las empresas están permanentemente intercambiando o vendiendo sus antiguos stands una vez que han decidido renovarlos. En ocasiones, se puede encontrar stands bien diseñados que cubrirán perfectamente sus necesidades a precios razonables. Presupueste una cantidad de dinero para su reparación, y asegúrese de que es lo suficientemente resistente para exponer sus productos.

Tenga en cuenta la vida estimada de su stand. Si lo utiliza para más de una feria (espero que lo haga), entonces amortizará su coste entre todas ellas. Por ejemplo, si invierte 10.000 dólares en un nuevo stand y tiene intención de utilizarlo en cinco ferias, repercute en 2.000 dólares como coste del stand en su presupuesto.

Transporte

No entraré en detalle en el tema del transporte, pero sí haré un breve repaso. La mayoría de los stands se transportan de una de las tres maneras siguientes: transporte regular, servicio de mudanzas o transporte aéreo.

Transporte regular. La ventaja de este sistema es que normalmente resulta el más barato. El problema es que un transportista normal no es un especialista en el transporte de stands para ferias, sino que simplemente transporta carga en general. Los plazos de entrega tampoco son exactos; debe prever un tiempo mayor para su entrega. Si sabe el volumen que ocupa y el peso del stand, podrá solicitar los presupuestos por teléfono.

Servicio de mudanzas. La mayoría de nosotros relacionamos las mudanzas con un servicio para los particulares; sin embargo la mayoría de las empresas de mudanzas disponen de departamentos especializados en el transporte de stands para ferias. Conocen sus necesidades y colaborarán estrechamente con usted. La desventaja es su coste, a pesar de que la desregularización del sector ha hecho bajar los precios ligeramente. A la larga, esta es la mejor opción. Le proporcionarán presupuestos aproximados por teléfono igual que los transportistas normales.

Transporte aéreo. Si es absolutamente imprescindible que llegue en un día, o si en su empresa se celebra un concurso para ver quién gasta el dinero de la forma más tonta, entonces utilice el transporte aéreo. Si no, evítelo.

Servicios feriales

Tanto si le atrae la idea como si no, lo más probable es que necesite algún tipo de prestación, y si utiliza cualquier servicio ferial tendrá que tratar con los sindicatos.

Si necesita operarios para el montaje del stand, busque con anticipación un contratista que se encargue de localizar y supervisar el montaje. Le adjudicarán un supervisor con el que trabajará y probablemente contará con un grupo de trabajadores previamente seleccionado. Este tipo de organización le proporcionará una mayor calidad en el resultado y le evitará problemas. Asegúrese de contratar este servicio con suficiente antelación y de notificar por escrito al organizador de la feria que piensa trabajar con un contratista independiente y con mano de obra autorizada.

Preste atención a cómo planifica el horario de trabajo. Las horas extras comienzan a contar a partir de un determinado momento los días laborables y durante todo el fin de semana. La mano de obra es cara y no cobra por fracciones de hora. Lo mínimo que un contratista pondrá a su disposición será un equipo formado por dos operarios durante una hora. Los costes se disparan con rapidez; si el montaje puede hacerse durante un día laborable, se ahorrará dinero.

Si no quiere trabajar con un contratista independiente resulta doblemente importante localizar a los operarios con anticipación. Si espera a llegar a la feria, se puede encontrar con mano de obra sin cualificar, porque todos los montadores profesionales estarán ya contratados. Mucha gente sospecha que esos operarios de última hora son causantes de muchos robos y situaciones conflictivas.

Ponga especial cuidado en coordinar la disponibilidad de mano de obra para el montaje con la entrega del stand. Con frecuencia se ven trabajadores sentados en un espacio vacío esperando la llegada del stand. No se preocupe; tienen mucha paciencia si se trata de esperar. Después de todo, aunque no estén trabajando, usted está pagando, y mucho.

Si las cosas no suceden como estaban planificadas, tenga paciencia e intente solucionar los problemas. Si tiene algún conflicto con los operarios, diríjase al Servicio Oficial de Contratación y plantéeles el problema. No empeore la situación manifestando su enfado; está en su territorio.

Por supuesto que si dispone de un stand personalizado no le quedará más remedio. Tendrá que contratar trabajadores sindicados para montarlo. Pero si tiene un pequeño stand portátil, ¿cómo puede escapar a la obligación de contratar esa mano de obra tan cara?

Técnicamente, quizá no pueda. Pero existe una regla no escrita que suele aplicarse. Se llama la Regla de la Media Hora.

Lo que significa que si puede transportar a mano su stand y montarlo usted solo en menos de media hora, los sindicatos no le molestarán. Y digo normalmente, porque he estado en centros de convenciones (de los que no diré el nombre para proteger mi presencia allí en el futuro) en los que los sindicatos no me permitieron siquiera montar un expositor de sobremesa. Por suerte, la mayoría de las instalaciones no son así. La gran mayoría de los trabajadores sindicados son personas esforzadas y responsables, que quieren hacer un buen trabajo si se les da una oportunidad.

Además de los operarios para el montaje y desmontaje, existe un gran número de servicios disponibles: electricidad, alquiler de muebles, teléfonos, moquetas, limpieza, seguridad, alquiler de ordenadores y fotógrafos. Una vez más, le recomiendo que reserve estos servicios con la mayor antelación.

Unas palabras sobre la seguridad. Nunca presuponga que sus productos están seguros. Si existe cualquier duda al respecto, contrate medidas de seguridad. Si sus productos son lo suficientemente pequeños, alquile una caja fuerte. Si no, contrate un guarda de seguridad. Es cierto que esto constituye un gasto más, pero resulta mucho más barato que estar en una feria con poco o nada que exponer.

Existe una anécdota clásica de un expositor que no contrató un guarda de seguridad para sus carísimos aparatos electrónicos. ¿La razón? El enorme stand al otro lado del pasillo disponía de varios guardas que lo protegían, y asumió que también vigilarían el suyo. A la mañana siguiente se encontró su stand totalmente vacío. Le habían robado todos sus productos. Y los guardas de seguridad de su vecino sostenían que no habían visto nada.

El personal

Hace varios años, la empresa para la que yo trabajaba contrató una isla de 10 metros por 10 metros en la Feria de Incentivos y Promociones de Nueva York. Además, invertimos 60.000 dólares en un stand nuevo para impresionar a nuestras visitas.

Lo que sucedió es que el stand jamás llegó a Nueva York. Una hora antes del comienzo de la feria me encontraba de pie en medio de la superficie de 100 m² totalmente vacía, junto con quince de mis vendedores. Miré a mi equipo y les pregunté: «¿Y ahora qué hacemos?» Un miembro del equipo me miró desesperado y dijo: «Supongo que esto significa que tenemos que trabajar».

Fue nuestra mejor feria.

La realidad es que el equipo humano es la herramienta más importante de que se dispone en una feria. Si no me cree, le sugiero que la próxima feria deje a todo el personal en sus casas y analice los resultados que obtiene de su stand y del resto de elementos tangibles.

No todas las empresas incluyen el coste del personal en sus presupuestos. Yo creo que es importante, aunque en realidad sea un coste indirecto. Ese dinero sale realmente de su presupuesto para la feria, pero el tener a toda esa gente allí representa un coste para su empresa.

La formación

¿Recuerda la discusión entre hardware y software? No cometa el error de ignorar su herramienta más importante, su equipo. ¿Saben realmente lo que tienen que hacer en la feria? ¿Distinguen la diferencia entre trabajar en el terreno y estar en la feria? ¿Saben exactamente por qué están allí y qué se espera de ellos? ¿Saben cómo relacionarse con un desconocido en un ambiente extraño, identificar a la persona, detectar sus necesidades, presentar sus productos/servicios, preparar el cierre de la entrevista y despedirse?

Una empresa de Seattle que acababa de adquirir un stand de 150.000 dólares se puso en contacto conmigo para encargarme la formación de su equipo compuesto por 25 personas. Después de una breve charla, les anticipé el presupuesto de mi trabajo. Carraspearon ante la cifra. «Sólo disponemos de 500 dólares en el presupuesto de formación.»

¿Qué falla en esta escena?

Su equipo garantiza el éxito o el fracaso de una feria. Antes de invertir en nada más, invierta en ellos.

Salarios

Calcule el coste que cada vendedor representa para la empresa. Si quiere ser totalmente preciso incluya todas las formas de remuneración (salario, comisiones, bonos y extras). Súmelas todas y divídalo entre 230 (el promedio de días trabajados por año, sin las vacaciones, fiestas y días de baja). Esa cifra le indicará el coste promedio de cada persona por día.

Por ejemplo, Scott M recibe como salario base 30.000 dólares, más 10.000 dólares como comisiones y bonos al año. Sus extras (seguro sanitario y el coche de la empresa) suman otros 7.500 dólares. El coste total anual es de 47.500 dólares. Divida los 47.500 dólares por 230, y el resultado es que Scott M supone aproximadamente 207 dólares diarios. Si Scott pasa cinco días en la feria, su coste total representa 1.035 dólares.

Haga estos cálculos para cada una de las personas que asistan a la feria para presupuestar el coste total del personal. Si desconoce o no puede obtener los datos exactos sobre las remuneraciones, impute un estimado de los salarios y extras. Lo importante es disponer de alguna orientación en este apartado.

Refuerzos externos. En ocasiones se necesita personal extra. Ya sea un mago, un actor o alguien contratado para enseñar sus productos; asegúrese de incluir su coste en el presupuesto.

La publicidad y promoción

Como he dicho al principio del capítulo, el expositor típico se limita a alquilar el espacio, montar el stand, colgar su logotipo, y esperar a que lleguen los compradores en manada. Eso es lo que nos gustaría que sucediera, pero nunca ocurre.

Los pocos días que una feria permanece abierta representan sólo un tercio del proceso de marketing ferial total. Los otros dos tercios incluyen la planificación previa y el seguimiento posterior a la feria. Todo el proceso de marketing representa varios meses.

La publicidad y la promoción son una parte integral del cuadro. En un estudio realizado para el Trade Show Bureau (ahora el Center for Exhibition Industry Research), Robert T. Wheeler, Jr. distingue ocho factores que influyen en la decisión de los visitantes a la hora de entrar o no en determinados stands.

El compromiso: un 25 %. Los visitantes sienten la obligación de realizar determinadas visitas debido a relaciones o tratos comerciales previos a la feria.

La costumbre: un 23 %. El asistente a la feria ha visitado un determinado stand a lo largo de los años, y mientras el expositor siga estando presente, él o ella seguirá acudiendo.

La invitación personal: un 15 %. Cuando un cliente potencial recibe una invitación personal de un vendedor o representante de la empresa, él o ella acudirá.

La publicidad en prensa especializada: un 12 %. Asegúrese de que se publican noticias y artículos sobre su empresa en la prensa especializada.

La publicidad: un 9 %. Haga publicidad de sus productos y comunique su localización en los números previos a la feria de las revistas especializadas.

Las invitaciones en forma de circular: un 9 %. Aunque no son tan efectivas como las invitaciones personales, también dan un buen resultado. Envíe información e invitaciones a todos los clientes potenciales que pueda.

La recomendación de colaboradores: un 3 %. Usted puede tener cierta incidencia en este punto.

No sabe: un 3 %. Esta gente está indecisa.[6]

En mi opinión, un expositor tiene un control directo sobre los números tres, cuatro, cinco y seis y una incidencia parcial sobre el número siete; esto representa un control sobre el 49 % de todas las razones que empujan a un asistente a visitar un determinado stand.

Incorpore también en su presupuesto los panfletos, hojas informativas, dossieres de prensa, o cualquier otro elemento que caiga dentro de esta categoría. Analizaré con más detalle el tema de la publicidad y promoción en el capítulo 5.

Desplazamientos y atención a los clientes

Al igual que la partida de personal, muchas empresas no incluyen el coste de los desplazamientos y la atención a los clientes dentro del presupuesto de ferias. Pero está ahí.

Solicite a su agencia de viajes los presupuestos de aviones y hoteles. Calcule cuánto dinero dedicará a la atención a clientes (¿dispone de una suite en un hotel para recibirlos?).

---

6. Estos datos proceden del estudio de Robert T. Wheeler, Jr. en el «Trade Show Bureau Research Report N.º 13»; julio 1982.

Cuadro 2-2. *Formulario personalizado del presupuesto de la feria*

Nombre de la feria_____

Fecha de la feria_____

PRESUPUESTO DE LA FERIA

Partida	Presupuesto	Real
1. Alquiler del espacio	_____	_____
2. Gastos del stand	_____	_____
a. Diseño y construcción	_____	_____
b. Logotipos	_____	_____
c. Reparaciones	_____	_____
d. Productos a exponer	_____	_____
e. Alquiler del stand	_____	_____
f. Compra de un stand usado	_____	_____
g. Gasto total del stand	_____	_____
3. Transporte y almacenamiento	_____	_____
a. Transporte	_____	_____
b. Acarreo	_____	_____
c. Almacenamiento del stand	_____	_____
d. Gasto total de transporte y almacenamiento	_____	_____
4. Servicios feriales	_____	_____
a. Mano de obra (montaje)	_____	_____
b. Mano de obra (desmontaje)	_____	_____
c. Electricidad	_____	_____
d. Alquiler de muebles	_____	_____
e. Alquileres varios	_____	_____
f. Teléfono	_____	_____
g. Moqueta	_____	_____
h. Rotulación	_____	_____

    i. Limpieza   _____ _____

    j. Seguridad   _____ _____

    k. Alquiler de ordenadores   _____ _____

    l. Fotografías   _____ _____

    m. Alquiler de impresora   _____ _____

    n. Floristería   _____ _____

    o. Equipo audiovisual   _____ _____

    p. Otros   _____ _____

    q. Gastos totales servicios feriales   _____ _____

5. Personal   _____ _____

    a. Salarios   _____ _____

    b. Apoyo externo   _____ _____

    c. Formación   _____ _____

    d. Total personal   _____ _____

6. Publicidad y promoción   _____ _____

    a. Promoción y publicidad previas
       a la feria   _____ _____

    b. Promoción y publicidad durante
       la feria   _____ _____

    c. Promoción y publicidad posterior
       a la feria   _____ _____

    d. Total publicidad y promoción   _____ _____

7. Desplazamientos y atención a clientes _____ _____

    a. Billetes de avión   _____ _____

    b. Estancia   _____ _____

    c. Comidas del personal   _____ _____

    d. Comidas con clientes y otras
       atenciones   _____ _____

    e. Suite para atender a los clientes   _____ _____

    f. Varios   _____ _____

    g. Total desplazamientos y atención
       a clientes   _____ _____

Total gastos de la feria   _____ _____

Cierre del presupuesto

Una vez que haya calculado las cifras para cada una de las siete partidas presupuestarias, es la hora de sumarlas. Utilice el cuadro 2-2 como pauta para desarrollar un presupuesto personalizado.

La identificación del público objetivo

Como ya he dicho antes, creo que el objetivo de un negocio es crear y mantener relaciones a largo plazo. En un mercado como el actual, si no sabe quién, qué y dónde están sus verdaderos clientes potenciales, o y si no logra comunicarse con ellos de una manera personal, perderá terreno frente a los competidores que sí lo hagan.

Lo que tiene que recordar es que, salvo excepciones, no todo visitante es un cliente en potencia. La mayoría de las ferias no están organizadas de esa manera. De hecho, según un informe del Center for Exhibition Industry, aproximadamente un 16 % de los visitantes en una feria normal son clientes potenciales.[7]

Como he comentado antes, la gente va a las ferias para buscar soluciones para sus problemas, escoger unos productos determinados para proceder a su compra tras la feria, conocer nuevas técnicas o avances en su campo o reunirse con expertos técnicos. Cada uno de los posibles compradores tiene su razón particular para estar allí. Por lo tanto, no existe un producto universal, algo que todos los visitantes comprarían.

---

7.   Este dato procede de Exhibit Surveys, Inc. de Red Bank, Nueva Jersey.

¿Sabe cuál es su mercado objetivo? ¡Bravo! Ahora lo único que tiene que hacer es describir a esos clientes o compradores para que su personal pueda identificarlos.

La descripción del Cliente Ideal

Si su público objetivo son individuos, plantéese las siguientes preguntas:

* ¿Son hombres, mujeres, o ambos?
* ¿Están casados, solteros, o divorciados?
* ¿Cuántos años tienen?
* ¿Cuáles son sus ingresos?
* ¿Dónde viven?
* ¿Viajan con frecuencia?
* ¿Cuál es su nivel de educación?
* ¿Cuáles son sus deportes favoritos?
* ¿Cuántos hijos tienen?
* ¿Poseen ordenador?

Si su público objetivo son empresas, tenga en cuenta las siguientes preguntas:

* ¿Cuál es su volumen de ventas?
* ¿Cuántos empleados tiene?
* ¿A qué sector pertenece?
* ¿Qué tipo de sistema telefónico tiene?
* ¿Cómo llega a sus clientes? ¿Mediante la venta directa? ¿Telemarketing? ¿ Correo?
* ¿Tiene una flota de vehículos? ¿En régimen de leasing?
* ¿Está en el sector de la venta por correo?
* ¿Utiliza artículos publicitarios específicos?

Deberá dividir las respuestas a estas preguntas en cuatro tipos de criterios:

- ¿Cómo identificaría a la persona que decide, influye o determina las especificaciones? ¿Cuál es su puesto o responsabilidad? Tenga en cuenta a los Grupos de Compra Integrados, formados por una combinación de todas estas personas influyentes. Un día quizás hable con la persona encargada de establecer los criterios, y al día siguiente con los demás para una discusión más en detalle.
- ¿Qué necesidades tienen que sus productos puedan satisfacer?
- ¿Se pueden permitir pagar sus productos o servicios?
- ¿Cuándo se dispondrán a comprar?

Este listado de preguntas no es en ningún caso completo; es sólo un ejemplo del tipo de cuestiones que debería formularse respecto a su público objetivo. El propósito es animarle a hacerse preguntas específicas para identificar a su cliente ideal. Cuando sea capaz de hacerlo, estará en una mejor posición para localizar a sus clientes potenciales en una feria y atraerlos hacia su stand.

La cuenta atrás de una feria

Los japoneses enseñaron a los americanos un excelente sistema para administrar los stocks. Se llama «just-in-time». Se basa en el suministro de las piezas a una fábrica en el momento en que se necesitan en la cadena de montaje. Este método supone un ahorro en el espacio y el coste de almacenar grandes stocks de piezas. Es una buena fórmula y exige una gran coordinación con los proveedores para el suministro de las piezas cuando se necesitan. Por desgracia, el sistema «just-in-time» es una práctica habitual en la preparación de ferias, aunque de forma involuntaria.

La escena típica tiene lugar aproximadamente cuatro semanas antes de la feria. En ese momento se dispara la alarma interna del jefe, y de repente la feria, que había sido relegada hasta el último minuto, cobra importancia. Muchas cosas pueden ir, y de hecho van mal; los logotipos son incorrectos; el stand está en mal estado; los productos nuevos y los catálogos no están listos; los hoteles están llenos; las tarifas aéreas más económicas están agotadas. ¿Le suena?

Este tipo de situaciones explica por qué es tan importante desarrollar un calendario de planificación de la feria. El trabajo de planificar debería comenzar lo antes posible. Algunas empresas planifican con entre 18 y 24 meses de antelación. Aunque quizá no se pueda permitir ese lujo, mi consejo son doce meses. Le propongo el siguiente plan de acción:

F- menos doce meses

* Evalúe las diferentes ferias para su selección.
* Elija el espacio y envíe el contrato junto con el depósito.
* Analice la feria. ¿Quién estará presente? ¿Cuál será su tema central?
* Empiece a planificar. Reúna a su equipo para una sesión de planificación. Establezca sus objetivos y póngalos por escrito.
* Plantee el presupuesto de la feria.

F- menos once meses

* Haga las reservas de los hoteles. Tenga en cuenta los inevitables cambios de personal. A los hoteles esto no les gusta, y sin embargo, ellos también aceptan reservas por encima de su capacidad, ¿o no?
* Reserve los billetes de avión.
* Asigne el personal del stand. Recuerde que no se trata de

un campo de entrenamiento para reclutas ni de unas vacaciones.

F- menos diez meses

- Empiece con la planificación del stand. ¿Puede reparar el antiguo o necesita diseñar uno nuevo?
- Contacte con fabricantes de stands.
- Consulte las normas de la feria para estar seguro de que sus planes las cumplen.

F- menos nueve meses

- Complete el diseño del stand. ¿Tiene que pasar la aprobación de la dirección? No construya un stand y asuma de una manera arbitraria que puede utilizarlo sin más. Asegúrese de que cuenta con las aprobaciones pertinentes.
- Mantenga una nueva reunión de planificación con su equipo si es necesario.

F- menos ocho meses

- Revise su presupuesto. Asegúrese de que sigue siendo realista.
- Contacte con el constructor del stand. Compruebe que cumple el calendario.

F- menos siete meses

- Discuta con su equipo qué productos exponer. ¿Es necesario coordinarse con el departamento de producción y diseño?
- Involucre al departamento de publicidad. Póngales al día del proyecto y pídales que empiecen a trabajar en un plan de promoción y publicidad relacionado con el contenido general de la feria.

F- menos seis meses

- Supervise la marcha del proyecto con el constructor del stand. Termine los diseños y logotipos pendientes.
- Compruebe el material impreso disponible en la empresa. ¿Resulta adecuado para esta feria? ¿Hay suficiente cantidad?
- Solicite el material y equipo de oficina que necesite.
- Póngase en contacto con los restaurantes próximos al recinto ferial y reserve mesa para las noches durante su estancia. Tenga en cuenta tanto a su equipo como a sus invitados.

F- menos cinco meses

- Repase el dossier de información enviado por la organización de la feria (si ha llegado). Rellene los formularios relativos a los productos, los programas de actos o el material de promoción.
- Complete las hojas de inscripción para todos los miembros de su equipo.
- Siéntese con ellos para hacer un repaso general de la situación.

F- menos cuatro meses

- Colabore con el departamento de publicidad para preparar notas de prensa, la presentación de nuevos productos, y el material de promoción para los medios de comunicación.
- Llame al representante del transportista para coordinar el envío de los elementos de la feria, los productos, el stand, y el material impreso.
- Organice la formación del personal.

F- menos tres meses

- Presente todas las solicitudes de los servicios que necesite contratar (muebles, moqueta, limpieza, electricidad, operarios, teléfono, ordenadores, seguridad, etc.) Pague por anticipado para aprovechar posibles descuentos.

* Lance la campaña de marketing previa a la feria para potenciar las visitas a su stand.
* Reúnase con su equipo para un repaso general de la situación.

F- menos dos meses
* Confirme las reservas de avión y hoteles.
* Finalice la asignación de personas, calendarios y responsabilidades.
* Tenga a punto el manual de la feria para el equipo (ver Capítulo 3).
* Siéntese con ellos para efectuar un repaso general de la situación.
* Acelere su campaña de marketing previa a la feria. Envíe invitaciones personales a los clientes activos y a los potenciales.

F- menos un mes
* Monte el stand para revisarlo y hacer ajustes de última hora.
* Compruebe que se han enviado las solicitudes de servicios.
* Contrate el seguro de la feria.
* Repase los detalles con el personal que está encargado del transporte.
* Envíe los materiales de la feria, el stand y los impresos para que todo llegue el primer día que esté disponible el espacio.
* El programa de formación previo a la feria debería estar confirmado.
* Prepare el material de oficina que vaya a necesitar.

- Encargue cheques de viaje para hacer frente a los pagos *in situ*.

Lanzamiento
- Monte el stand el primer día que se lo permitan. Prepárese para solucionar los problemas de última hora.
- Confirme su reserva de mano de obra y servicios.
- Realice la formación y los ensayos previos a la feria.
- Ocúpese de las crisis de último minuto.

Control de la operación
- Lleve a cabo una reunión diaria para evaluar la marcha de la feria y decidir posibles cambios.
- Mantenga el stand limpio.
- Programe el desmontaje del stand.
- Gestione la reserva del espacio para el año que viene, si es posible.

Cierre de la operación
- Supervise el desmontaje y transporte.
- Evalúe los contactos establecidos en la feria y distribúyalos con agilidad.
- Evalúe la actuación de su empresa.
- Comienza la cuenta atrás para la próxima feria.
- El seguimiento de los calendarios y la obtención de la información necesaria llevan tiempo, pero le compensará. A medida que se acerque la fecha de la feria, se evitará los sudores de las prisas de última hora. Si coloca este calendario en una pared de su despacho o encima de su dossier de seguimiento de la feria, podrá localizarlo inmediatamente, cumplir los plazos marcados y demostrar su profesionalidad.

3

La coordinación de una feria

El manual de planificación de la feria

Una vez que hemos conseguido organizar el calendario de la feria, veamos ahora otra herramienta interesante para el éxito de una feria, el *Manual de Planificación de la feria.* Necesitará un archivador de anillas (de al menos cinco centímetros de ancho), dividido en ocho apartados. Este archivador le permitirá seguir la planificación de una manera lógica y ordenada. A continuación describo cada una de sus secciones.

Planificación
Esta sección incluye su calendario, el presupuesto, las notas e informes de reunión con su equipo, los objetivos de la feria y cualquier otro material relativo al proceso de planificación.

Stand
Este apartado recoge todo tipo de información relacionada con el stand y los diseños, incluyendo las indicaciones de montaje, los planos y dibujos de cómo deberá quedar el stand, las indicaciones para las reparaciones de urgencia y los números de teléfono de emergencia.

Servicios feriales

En este apartado se conservan las copias de todas las solicitudes hechas a la organización de la feria (mano de obra, electricidad, alquileres, teléfono, limpieza, etc.). Guarde también copia de los cheques enviados para pagar estos servicios.

Promoción

En esta sección se archivan copias de los anuncios, los elementos enviados por correo, los listados de direcciones, la planificación de medios y cualquier otra cosa empleada en la campaña de marketing puesta en marcha para la feria.

Transporte

Incluye los albaranes de entrega, los números de envío, el número del transportista o del vuelo, el nombre de la empresa encargada de la entrega (si es diferente del transportista original), el número de teléfono del representante de la empresa de transporte en su ciudad y en el lugar donde se celebra la feria, los enlaces, y el teléfono de la recepción de mercancías de la feria.

Personal

En este apartado se archivará todo lo relacionado con el personal con que asiste a la feria, la formación, etc. Incluirá también una copia del *Manual del Personal de la Feria*, que describo más adelante en este mismo capítulo.

Seguimiento de contactos

Incorpora los formularios para el seguimiento de los nuevos contactos obtenidos, y los planes y objetivos relacionados con este tema.

Varios

En esta sección se guarda cualquier cosa que no se haya archivado en ninguno de los apartados anteriores. Mediante el mantenimiento de este *Manual de Planificación de la Feria* conseguirá tres objetivos importantes:

1. Tendrá toda la información concentrada en un solo lugar. Puede llevárselo a la feria, o entregárselo a la persona encargada allí. Esto hará no sólo que su trabajo sea más fácil, sino también que parezca más profesional.
2. Cualquier informe que deba presentar después de la feria incluirá este manual. Su jefe quedará francamente impresionado.
3. Le podrá servir como referencia para futuras ferias.

Llegados a este punto, resulta importante tomar en consideración el tema de la coordinación del personal y el uso del *Manual del Personal de la Feria*.

El manual del personal de la feria

La planificación en una feria involucra a un gran número de personas: la dirección de la empresa, el responsable de la feria, el director de ventas y el equipo comercial. No debe olvidar tampoco al equipo de apoyo en su oficina. Es necesario que lo incorpore tanto en la planificación como en la ejecución. Durante todas las fases de la planificación, especialmente cuando convoque reuniones, tenga en cuenta a todos aquellos que puedan aportar algo significativo y a aquellos que de alguna forma tienen algo que ver con la feria. Este grupo incluye a secretarias, ayudantes, personal de diseño y producción, personal de marketing y publicidad y también a la alta dirección aunque no vaya a asistir personalmente a la feria. Asegúrese de que todos comprenden la importancia de la feria, así como sus objetivos. Si lo hace así contará con una mayor colaboración y potenciará el trabajo en equipo. Esto aporta una mejor comunicación interna en su empresa y una mejor imagen de cara al exterior.

Cada miembro de su equipo que asista a la feria deberá recibir un ejemplar del *Manual del Personal de la Feria*. Este manual recoge, igual que una guía de juego de un equipo profesional de fútbol, el quién, qué, cuándo, dónde y por qué de la feria. Aquí tiene algunos de los puntos que debería tener en cuenta:

- ¿Quién atenderá el stand?
- ¿Dónde pernoctarán?
- Un mapa del recinto ferial y los alrededores.
- Nombre, dirección y teléfonos del recinto ferial.
- ¿Cómo se harán llegar los mensajes?
- Explicación de la publicidad y promoción previas a la feria.
- Un plano del pabellón y de la localización exacta del stand.
- Un plano del stand y su distribución.
- Un listado de los productos expuestos.
- Un horario de la feria.
- ¿Quién dará conferencias y cuándo?
- Información sobre los nuevos productos.
- Listados de precios de los productos.
- Objetivos de la empresa en la feria.
- Reparto de funciones.
- Objetivos personales a alcanzar por el personal del stand.
- Sistema para identificar clientes potenciales.
- Qué hacer con los contactos realizados.
- Material impreso disponible.
- Información sobre reuniones diarias del personal del stand.
- Información sobre atención a clientes activos o potenciales.

* Relaciones con la prensa.
* Instrucciones para el desmontaje del stand y su devolución.
* Transporte de vuelta.

Este manual debe ser totalmente confidencial. Asegúrese de que todos los que reciban una copia entienden la importancia de no perderlo de vista. Subraye la necesidad de mantener el manual lejos de miradas indiscretas.

El stand adecuado

Así que en su última feria tenían un escenario rotatorio para el mago, rayos láser y azafatas distribuyendo impresos. Oiga, no me explico por qué no consiguió cerrar ni una sola venta. Seamos serios, señores. Esos trucos son inútiles. Un buen diseño de un stand tiene en cuenta sobre todo el producto e intenta potenciar el tráfico de posibles clientes sin recurrir a trucos. El objetivo de su stand es atraer a los potenciales compradores que busca. Esto lo debería tener siempre presente cuando se disponga a diseñar un stand.

Le recomiendo seriamente contratar los servicios de un profesional para diseñar su stand; sin embargo, usted debe de saber de lo que habla. Si entiende los diferentes aspectos del diseño de un stand y cómo afectan a sus propias necesidades, estará mejor preparado para comunicarse con el diseñador.

Las medidas del stand

Este factor depende de su presupuesto, los objetivos que se pretenden alcanzar, el espacio disponible en la feria y el personal con el que cuenta. El dinero es el factor clave. Por desgracia, muy pocos disponen de presupuestos ilimitados, y los precios fluctúan entre el más bajo de unos mil dólares (por un expositor de sobremesa sin personalizar) hasta el millón de dólares (por un stand sofisticado y enorme). Su presupuesto se encontrará seguramente entre estas dos cifras.

Como muchos de nosotros, probablemente usted tampoco tenga el control sobre el presupuesto, y deberá conformarse con un stand de tres metros. No hay problema; simplemente recuerde que el tamaño del stand guarda relación directa con los resultados de la feria. Por ejemplo, si su objetivo principal es obtener nuevos contactos comerciales, la cantidad de contactos que se generen estarán determinados por la limitación de espacio.

Un stand ocupa normalmente un 30 % del espacio total disponible. En un espacio de unos 10 m^2, su stand supondrá unos 2,7 m^2. Esto le deja 7,3 m^2 para el personal y las visitas. Una persona requiere como media un espacio de 2,3 m^2 (este número se basa en nuestra necesidad como seres humanos de «poseer» un cierto territorio a nuestro alrededor, que normalmente cubre el alcance de nuestros brazos)

Si repasamos las matemáticas de la escuela, podremos recordar que el área de una circunferencia se determina según la fórmula siguiente:

Area = pi × (radio) al cuadrado

En este ejemplo, pi es igual a 3,14 y el radio es 3. Si aplicamos estos datos obtenemos:

Área = 3,14 × 3 al cuadrado = 3,14 × 9 = 2,62 m^2

Si dispone de 7,3 m^2 para las personas, a 2,3 m^2 por persona, significa que su stand le permite tener tres personas aproximadamente, incluidos los vendedores. Incluso con sólo dos vendedores en el stand estaría saturado.

Ahora, si asumimos que cada vendedor realiza como promedio seis contactos por hora en una feria de 30 horas, el número total de posibles contactos será de 360:

2 vendedores × 6 contactos / hora × 30 horas = 360 contactos

Este número es totalmente independiente de la envergadura de la feria. Es igual que atraiga a 100.000 o a 1.000 visitantes. Con un stand de 10m², sólo puede aspirar a un máximo de 360 visitas.

Si tiene la suerte de contar con un presupuesto amplio, puede hacer los cálculos hacia atrás. Si quiere conseguir 3.000 contactos, divida ese número entre el total de horas de la feria. Volvamos a suponer que es 30 horas; esto supone 100 contactos por hora. Si cada vendedor realiza seis contactos por hora, entonces necesita 17 vendedores (100 dividido entre 6). Diecisiete personas, ocupando cada uno 2,3 m², lo que eleva la superficie necesaria a 39 m². Por supuesto que si cada uno está trabajando con una visita, necesita doblar la necesidad de espacio hasta 78 m², lo que representa un 70 % de sus necesidades totales de espacio. El otro 30 % se lo lleva el stand físicamente. Extrapolando estos números, concluirá que necesita un stand de aproximadamente 110 m² para alcanzar sus objetivos, con unas medidas aproximadas de 12 × 9,5 m, lo cual es mucho espacio.

Situación del stand

Este es un debate permanente. La mayoría de las personas con larga «experiencia» en el mundo de las ferias le dirán que la situación ideal para un stand está cerca de la entrada y del centro del pabellón. Para terminar de una vez por todas con este debate, permítame remarcar tres puntos de vista sobre el tema. Primero, la Trade Show Bureau realizó un estudio sobre la influencia de la situación de un stand sobre los resultados de una feria y su impacto.[8] Las conclusiones del estudio fueron que la situación no afecta al tráfico, los resultados o la impresión de los visitantes.

Segundo, durante años he dado conferencias para miles de visitantes a ferias y he dirigido cientos de grupos de estudio. En cada de una de esas ocasiones he formulado esta pregunta de una manera muy directa: «¿Qué parte del recinto ferial recorre y cómo afecta la localización de un expositor a la hora de visitarlo?» Con muy contadas excepciones, la respuesta mayoritaria siempre ha sido: «Recorro toda la feria y la situación particular de un expositor afecta muy poco mi decisión de entrar».

Tercero, para reforzar una idea recurrente en este libro, ¿desea que pase por su stand *todo el mundo*, o solamente las *personas adecuadas*? Existen otras muchas variables que influyen en la decisión de detenerse frente a un stand. ¿Ha puesto en marcha una promoción agresiva previa a la feria para dar a conocer a su público objetivo que estaría allí? ¿El diseño de su stand está pensado para atraer a aquellas personas interesantes para su negocio o llama la atención de todo el mundo? Y por encima de todos esos factores está la limitación de espacio de su stand y de las personas que lo atienden, que establece un tope en el número potencial de visitas que puede recibir. Querer recibir un número ilimitado de visitas en un stand es un ejercicio sin sentido, carente de eficacia.

Estos son algunos de los factores que debe tener en cuenta:

- No tema a la competencia; están todos en el mismo barco. Los buenos compradores os examinarán a todos, y si existe una buena oportunidad para marcar la diferencia frente a

8. «Trade Show Bureau's Research Report N.º 20», octubre 1983

sus competidores ¡es ésta! Le da la oportunidad de hacer sonar su bocina.

- Si utiliza gas o agua, sitúese cerca de su fuente de salida.
- Diríjase a la dirección de la organización de la feria. Ellos conocen bien la circulación de las personas por el recinto y le pueden aconsejar una buena localización.
- Evite los pasillos sin salida; sencillamente, a la gente no le gustan.
- Evite las áreas de bares y cafeterías. Suelen crearse colas y lo último que desea es que bloqueen el acceso a su stand. Además, a no ser que disponga de un producto genérico, usted sólo quiere atraer a su público objetivo, no a cualquier tipo de personas.
- Tenga en cuenta las columnas y pilares que puedan quedar justo en medio de su stand. Solicite a la dirección de la feria un plano del pabellón.
- Cuidado con los desniveles. Evite trabajar durante toda la feria en una rampa.

El stand adecuado

¿Qué utilidad piensa darle al stand? ¿Lo utilizará exclusivamente para una ocasión determinada, como la presentación de un producto nuevo o la celebración de un aniversario de la empresa? Lo adecuado en esas circunstancias es un diseño personalizado. ¿O tiene la intención de usarlo quince veces al año durante cinco años? Si es así, necesita un diseño que dure, fácil de transportar y montar.

¿A qué otros usos destinará el stand? ¿Permanecerá en un almacén entre las ferias o quedará expuesto en la entrada de su empresa? Quizá lo utilice en promociones en centros comerciales tanto como en ferias sectoriales. Cuanto mejor defina por anticipado los usos que dará al stand, más dolores de cabeza se evitará.

Existen varios tipos de expositores disponibles:

- Expositores de sobremesa. Estos expositores están diseñados para colocarse sobre una mesa de dos o dos metros y medio. Son fáciles de instalar, desmontar y transportar. También son los más económicos.
- Expositores portátiles. Al igual que los de sobremesa, son fáciles de montar, desmontar y transportar; tienen la ventaja de que se aguantan solos. Un expositor portátil se traslada fácilmente y su tamaño permite que se puedan facturar como equipaje en los aviones.
- Stand modular. Los elementos de su estructura son intercambiables, lo que permite una gran flexibilidad en su distribución y tamaño. Un stand modular de seis metros se puede dividir en dos de tres metros.
- Stand personalizado. Se diseña y fabrica para el cliente. Normalmente resulta el más caro de todos.
- Stand de alquiler. Existe una amplia gama que la organización de la feria ofrece en régimen de alquiler.
- Stand usado. Es un stand que era de otra empresa. El tipo de expositor que utilice depende básicamente de sus necesidades y su presupuesto. Una advertencia: es fácil acabar comprando más de lo que se necesita en realidad. Defina sus objetivos y su presupuesto antes de sentarse con una empresa especializada en expositores o un diseñador independiente, y no se salga del plan trazado.

El diseño adecuado
Con demasiada frecuencia, en las ferias las empresas caen en la obsesión de la identidad. Diseñan sus stands con carteles enormes con el logotipo y nombre de la empresa. Aparte de a usted, ¿a quién le importa el nombre de su empresa? No llamará la atención de nadie, a menos que ese nombre sea muy

notorio, como IBM, Sony, Weyerhaeuser, o General Motors. Su mensaje debería ser simple y claro. Debería incluir algún tipo de oferta que apele a su público objetivo, de tal forma que los visitantes se detengan para averiguar qué expone. La estructura del stand no debe competir con el mensaje, ni tampoco debe enmascarar la importancia primordial de los productos expuestos.

Desde mi punto de vista, el objetivo más importante de su stand es simplemente atraer a su público objetivo. Nada ocurre hasta que logre que los visitantes se detengan, y una vez que eso ocurre, el objetivo de la feria está al alcance de su mano. En ese momento es cuando entra en juego el personal del stand.

A la hora de diseñar un stand, estudie la mejor forma de iluminar sus productos. Los colores deben ser neutrales, no chillones. Debe evitar que el stand haga sombra a sus productos. Además, con colores brillantes los defectos y las manchas destacan más. Utilice diseños gráficos simples pero que sean grandes y fáciles de leer. Que su mensaje sea sencillo pero contundente.

Una buena iluminación general es imprescindible. Las miradas de la gente se dirigen hacia los objetos bien iluminados, por lo tanto, cuide la iluminación de sus rótulos y productos.

Utilice mostradores para exponer los productos. Las personas se encuentran mucho más cómodas trabajando a la altura de un mostrador. Facilita la observación y les evita agacharse. La prueba de los productos se hace más cómodamente a la altura del pecho.

Asegúrese de que el stand se conserva siempre limpio y atractivo. Un stand cuidado facilita la realización de acuerdos.

Utilice fotos grandes; resultan mucho más atractivas a la vista y más bonitas que una serie de fotos pequeñas.

¿Puede disponer de algún medio audiovisual? ¿Se puede incorporar una presentación audiovisual al diseño para incrementar su impacto y facilitar la recordación?

La demostración de productos es un método excelente para atraer la atención de su público objetivo. ¿El diseño de su stand permite la realización de este tipo de demostraciones? ¿Está diseñado para dar relevancia a estas demostraciones?

¿Es su stand fácil de transportar? ¿Lo puede llevar usted o necesita un transporte especial?

¿Necesita una moqueta específica o puede alquilarla en cada feria?

La búsqueda de contactos y clientes

Hace varios años, mientras trabajaba como director de ventas para una empresa japonesa de juguetes, propicié nuestra participación en todas las ferias nacionales y regionales a nuestro alcance. Estaba totalmente convencido de que eran un método ideal para conseguir nuevos contactos comerciales. Recorrimos todo el país como expositores y conocimos a miles de clientes potenciales muy prometedores. Y, al igual que la mayoría de las empresas, enviamos a nuestros representantes las tarjetas de esos posibles compradores con la esperanza de recibir pedidos valorados en millones de dólares. Para nuestra sorpresa y desmayo, esa avalancha de clientes nuevos no se produjo jamás. De hecho, tras varios meses, apenas si representaban un pequeño goteo. Después de invertir una gran cantidad de energía y dinero para asistir a esas ferias, nos encontrábamos, como es natural, confundidos y desanimados. ¿Qué había sido de todos aquellos clientes potenciales tan entusiastas? ¿Dónde habían ido a parar los pedidos que esperábamos?

Sabíamos que era necesario un análisis de la situación. Como buen director de ventas, culpé de esos resultados a los representantes. Después de todo, yo había trabajado hasta la extenuación recopilando tarjetas de posibles clientes, durmiendo en los aeropuertos, siempre con mi maleta a rastras, para poder enviarles esos datos. Algo no estaba funcionando correctamente con el equipo de ventas. Así que hablé con ellos y les pregunté qué había sucedido con esos magníficos contactos que les había suministrado. ¿Qué pasaba con las ventas? Las respuestas de los representantes me sorprendieron:

«Recorrí toda mi zona para visitar las seis primeras personas de la lista. No tenían la menor intención de comprar nada. Y como era una gran pérdida de tiempo, guardé el resto de contactos en un cajón del escritorio.»

«Aprendí hace tiempo que los contactos de una feria no valen para nada. Nunca me tomo la molestia de seguirlos. Tengo cosas más importantes que hacer.»

«El listado de contactos que me dieron no tenía ningún tipo de información sobre esos clientes potenciales. ¿Cómo podría saber yo lo que se les había enseñado en la feria o de lo que se les había hablado? Era lo mismo que hacer visitas sin previa cita.»

«Cuando recibí la información, esas personas ya habían tomado sus decisiones. Esperasteis demasiado.»

Al principio estaba muy enfadado con los vendedores. Me parecía que eran una pandilla de vagos. Les culpé del fracaso del programa de ferias. Por suerte, me di cuenta a tiempo de que quizá tenían una parte de razón. Quizá yo estaba obviando algún elemento.

Comencé una profunda investigación de los contactos comerciales que se originan en las ferias. Pregunté a los vendedores qué tipo de información esperaban sobre esos clientes potenciales. ¿Qué podía hacer el personal de un stand para que esos contactos tuvieran valor? ¿Qué podía transformar esos contactos en ventas?

De mis conversaciones con los representantes, saqué la conclusión de que era necesario dedicar más esfuerzo para suministrar una información práctica. Me di cuenta de que existen dos formas de hacer que un contacto sea útil. La primera era continuar con nuestro programa de asistencia a ferias y contratar después una agencia de telemarketing que llamara a todos los contactos obtenidos para establecer prioridades, de acuerdo con su verdadera intención de compra. Sólo entonces les enviaríamos esos contactos, convenientemente filtrados, a los representantes. La segunda forma, más expeditiva, para obtener contactos cualitativamente interesantes era conseguir tratar con ellos en la misma feria. Pensamos que esta era la solución más conveniente; pero todavía necesitábamos más información.

Mantuve conversaciones con clientes de la empresa y les pregunté qué buscaban en una feria. ¿Cómo podía un expositor saber si iban a comprar o no? Hablé con mis vendedores para averiguar qué tipo de información requerían para cerrar una venta. Me dirigí a los organizadores de ferias para obtener más información sobre los visitantes. Llamé a la Trade Show Bureau y solicité información sobre cómo hacerlas más efectivas. Incluso hablé con otros expositores (incluidos nuestros competidores) para saber cómo trataban ellos el tema de los clientes potenciales.

Esta encuesta informal pero muy aleccionadora me aportó una serie de conclusiones e ideas:

1. La razón más importante por la que los expositores acuden a las ferias es la generación de nuevos contactos. Un estudio de la Trade Show Bureau demuestra que un 86 % de

todas las empresas que exponen lo hacen para buscar nuevos posibles clientes.[9]

2. Todos los elementos involucrados en el proceso deben participar en su planificación. La obtención de nuevos contactos útiles y el seguimiento de los mismos requiere la colaboración del personal del stand, los vendedores (sean propios o independientes) y los compradores.

3. Una tarjeta de visita no significa que se ha generado un contacto. A pesar de que no es necesario ser una lumbrera para reconocerlo, muchas empresas todavía utilizan este sistema para recopilar contactos. Hubo un tiempo en que yo mismo pensaba así. Los formularios de contactos realizados deben disponer de suficiente espacio para la recogida de la información adecuada. Y no recurra a la parte trasera de las tarjetas de visita para apuntar esa información. Nunca tendrá suficiente espacio.

4. El personal de la feria debe tener la preparación necesaria para recibir, identificar y clasificar posibles clientes en un plazo de tiempo muy corto; tan corto que yo lo denomino: «La Entrevista de los nueve minutos y medio».

5. Los representantes deben estar preparados para hacer el seguimiento e informar sobre los contactos establecidos en la feria. El seguimiento de esos contactos comienza en la oficina central, con la utilización del correo y el telemarketing. Se deben procesar con diligencia y pasar más adelante a manos de los representantes.

6. Una vez que un contacto ha sido asignado a un vendedor, hay que establecer un sistema de control para potenciar y exigir un correcto seguimiento del mismo.

7. Un sistema de tratamiento de textos y de base de datos es imprescindible para dirigir el proceso de seguimiento, re-

---

9. «Trade Show Bureau Research Report N.º 2.050», julio 1988.

parto de contactos y las comunicaciones que se deriven de los mismos.

Una vez que había llegado a estas conclusiones, ya estábamos preparados para implementar un programa más efectivo para la generación de contactos comerciales a través de las ferias. La primera cosa que hicimos fue plantear un formulario específico para ello. A partir de mi encuesta pudimos determinar la información necesaria en ese formulario:

1. Información completa del cliente potencial, incluido el nombre, la empresa, la dirección, el teléfono, el número de fax (si está disponible), y la descripción de la empresa.
2. Interés específico sobre un producto, su utilización o una zona geográfica.
3. Presupuesto y calendario de compras.
4. Otros factores en el proceso de compra. ¿Quién más puede estar involucrado en la toma de decisiones?
5. Comentarios a partir de objeciones, preocupaciones, circunstancias especiales, solicitudes, etc., realizados durante la entrevista.
6. Nombre de la feria y fechas.
7. Información sobre el seguimiento posterior a la feria. ¿Desean una llamada particular? ¿Han solicitado información impresa? ¿Necesitan alguna muestra?
8. Comentarios personales acerca del contacto. ¿Llevaba una corbata fabulosa en el día de la entrevista? ¿Hizo algún comentario sobre unas vacaciones recientes en Europa? Esta información puede ser muy útil para dar un toque personal a las cartas de seguimiento.
9. Nombre y firma de la persona que rellena el formulario.
10. Un sistema de puntuación para dar prioridades a los contactos. Nosotros creamos una escala sencilla para calificar

las entrevistas: 1, 2 y 3. Un contacto calificado como 1 era muy interesante y requería un seguimiento inmediato. Un contacto calificado con un 2 era menos urgente. Se le enviaría información impresa con una carta de presentación y se le haría una llamada telefónica para determinar el interés antes de proceder a una llamada de ventas. Todos los contactos calificados con un 3 pasaban a nuestro listado de direcciones; si mostraban más interés serían elevados a la categoría 2. Sólo enviábamos los contactos 1 y 2 a nuestros representantes. La utilización de este sistema de calificación nos permitía también establecer objetivos para cada feria. Por ejemplo, podíamos asistir a una feria para conseguir 20 nuevos contactos calificados 1 y 150 calificados 3.

11. Informe de seguimiento.

Después de reunir todos los ingredientes, los pusimos juntos y diseñamos una versión larga del formulario de seguimiento que describo en el Cuadro 3-1. Adapte este formulario a las necesidades de su empresa. La clave es rellenar todos los apartados. Con los pocos minutos que lleva cumplimentarlos, no sólo le ayudará a disponer de respuestas a preguntas importantes, sino que le ahorrará a usted y a su equipo un tiempo muy valioso.

Le aconsejo que diseñe el formulario para que quepa en la mitad de una hoja de papel A4 (unos 15 centímetros de ancho por 21 centímetros de alto). Así el personal lo podrá manejar con comodidad.

El impreso se pensó para facilitar el seguimiento después de las entrevistas. Todos los comentarios posteriores se escriben con su fecha correspondiente. Antes de enviar uno de los impresos a un representante, lo fotocopiamos para nuestros archivos. Los detalles del proceso de seguimiento de una feria los desarrollaré con más detalle en el capítulo 8.

Cuadro 3-1. Impreso de Contactos de la Feria

(Anverso de la hoja)
Feria _____
Nombre del representante _____
Fecha _____
1   2   3
Nombre del contacto _____
Nombre de la empresa _____
Dirección _____
Ciudad / País_____Código postal _____
Teléfono _____
Fax _____
Perfil de la empresa _____
_____

Interés por los productos
A _____
B _____
C _____
D _____
Campo de utilización _____
_____
Presupuesto _____
Calendario de compra _____

Otras personas involucradas en las compras
Nombre _____
Cargo _____
Nombre _____
Cargo _____

(Reverso de la hoja)

Solicita una llamada personal _____Fecha_____

Solicita información impresa _____

Solicita muestras _____Fecha_____

Tipo de muestras _____

Comentarios del cliente_____

_____

Comentarios personales sobre el cliente _____

_____

Contacto realizado por _____

Enviada información impresa relativa a _____

Fecha _____

Llamada de seguimiento relativa a _____

Fecha _____

Contacto enviado al comercial _____

Informes de seguimiento

Fecha _____

_____

Fecha _____

_____

Fecha _____

_____

Una vieja leyenda cuenta que un expositor fue a una feria en busca de contactos comerciales. Cada día, al final de la jornada guardaba los contactos realizados en un armario cerrado con llave. Al año siguiente se colocó el mismo armario en el fondo del stand y se abrió. Se lo imagina usted bien: los contactos del año pasado estaban todavía allí. Como ya he dicho, es una vieja historia, pero sin duda digna de recordar. No lo olvide, no importa cuántos contactos consiga, si no hace nada con ellos. ¡Diseñe un impreso de seguimiento, y úselo!

La preparación del personal

Por descontado, toda esta planificación es completamente inútil si no se logra involucrar al personal que la debe llevar a cabo. Tanto las personas a cargo del stand como los comerciales necesitan recibir formación para maximizar la eficacia, tanto antes como durante y después de la feria. Para ellos es tan importante saber el *porqué* así como el *qué*. Si desea que su equipo apoye con energía sus esfuerzos, usted deberá hacer lo mismo.

La mayoría de la gente tiene la impresión de que la formación se limita a la atención en el stand (lo que hay que hacer y lo que no). Es mucho más que eso. La atención del stand sólo abarca el proceso de venta *in situ*, y deja de lado el trabajo previo y posterior a la feria. Ya he insistido antes en la importancia de clarificar los objetivos de exponer, y de la planificación previa y posterior y del marketing; parece razonable que la formación también incluya todos estos aspectos.

¿Recuerda que le pregunté antes quién le enseñó a usted la forma de trabajar en las ferias? La misma pregunta se podría hacer a su equipo. Y la respuesta sería la misma. Lo más probable es que nadie haya formado nunca a sus comerciales o a su personal para sacarles el máximo partido. Han aprendido observando a otros compañeros, faltos igualmente de formación.

Este es un gran reto para usted. De hecho, su equipo es el factor más importante para el éxito de una feria. Ningún otro factor puede tener más influencia, sea positiva o negativa en sus resultados.

Además de la falta de formación, existen otras tres razones que explican la baja efectividad de un equipo en una feria. La primera es que los miembros del equipo no saben exactamente lo que se espera de ellos. Sin unos objetivos claros y mesurables, carecen de dirección. Con frecuencia, la comunicación con la oficina central se limita al itinerario, el calendario y horario de la feria y a una frase de apoyo moral.

El equipo de un stand necesita tener unos objetivos claros, basados en la contribución que deben hacer a la consecución de los objetivos generales. Si se ha propuesto conseguir nuevos contactos y tiene un objetivo de 400 nuevos clientes potenciales para esa feria, distribuya ese objetivo entre los miembros del equipo. De esa forma, cuando alguien sabe que su objetivo es conseguir 48 contactos, estará mucho más centrado en su trabajo.

Los equipos que atienden los stands fracasan también porque se encuentran fuera de su entorno. Los comerciales están acostumbrados a trabajar en el mercado, normalmente solos, y los empleados de oficina muy pocas veces se enfrentan a un ritmo tan frenético y a un ambiente como el de una feria. En los dos casos, están rodeados de cientos, quizá miles de personas desconocidas. Tienen a su competencia al otro lado del pasillo. Su jefe está detrás todo el rato y sus compañeros observan cada uno de sus movimientos. O al menos eso es lo que piensan. Con independencia de que esto sea verdad o no, el hecho es que no están precisamente en su ambiente. Sin una dirección adecuada, están perdidos.

La tercera razón por la que fracasan son sus propias ideas preconcebidas. Por desgracia resulta muy habitual que los equipos con mucha experiencia desarrollen actitudes negativas hacia el valor de las ferias. «Vale, tenemos que estar ahí, pero es una pérdida de tiempo.» Cuando estas personas con experiencia se encuentran con un nuevo miembro de equipo, yo los defino como un «perro con pulgas». Cuando un perro sin pulgas entra en contacto con un perro que sí las tiene, pronto tendrá dos perros con pulgas.

Y, sin ningún tipo de dudas, una actitud negativa preconcebida en relación con las ferias puede afectar profundamente sus resultados finales.

La última razón por la que fracasan los equipos es que confunden actividad con efectividad. «Escucha, he repartido más de 2.000 folletos. Esta feria seguro que ha sido un éxito.» Y sin embargo, este tipo de actitud está muy extendida en todas las ferias.

Preparación previa a la feria

Asegúrese de que todos comprenden los objetivos que la empresa persigue en la feria y cuáles son las responsabilidades de cada uno. Explique después cómo alcanzar esos objetivos. Todas las personas relacionadas con la feria deben comprender esos objetivos. Durante el período que va de los dos a los doce meses previos a la feria, envíeles un informe mensual. Cuando falten dos meses, envíe un informe semanal. Esos resúmenes pueden ser breves, de una página por ejemplo; la intención es que los miembros del equipo se sientan parte importante en el proceso de planificación. Así serán también parte integral del éxito de la feria.

Otra estrategia de ventas previa a la feria consiste en llamar a clientes potenciales; los comerciales pueden preparar listados de antiguos compradores o clientes potenciales. Organice reuniones semanales para motivar a su equipo a coger el teléfono y conseguir citas para la feria. Los incentivos y concursos ligados al número de citas confirmadas por cada persona antes de la feria son herramientas muy apropiadas. Si su equipo necesita formación sobre técnicas telefónicas, existen un gran número de cursos de telemarketing. Si tiene presupuesto, contrate un consultor externo para organizar una sesión de formación personalizada. Si conoce alguno en su zona, magnífico. Si no es así, le recomiendo el *best seller* de George Walther *Phone Power, Power Talking* y *Upside-Down Selling*. George es uno de los consultores de telemarketing más destacados del mundo, y en mi opinión uno de los mejores conferenciantes y educadores. Puede también adquirir una serie de casetes y vídeos. Si desea contactar con él, estos son sus datos:

George Walther
2254 Alki Avenue, S.W.
Seattle, WA 98116

Preparación en el terreno

Muchas empresas cometen el error de pensar que hay poca diferencia entre las ventas realizadas sobre el terreno y las obtenidas en una feria. Por tal razón, no ven la necesidad de una formación específica para ellos o su personal. Por desgracia hay una gran diferencia entre los dos tipos de venta.

En las ventas sobre el terreno, usted visita al cliente; en las ferias es el cliente el que le visita a usted. Normalmente, cuando un vendedor llama a un cliente, él se desplaza a la oficina del cliente. Esto no sólo representa una inversión de tiempo, sino que también implica una cierta pérdida de control sobre la situación; esto no ocurre en las ferias. ¿En qué otras circunstancias se echan sus clientes potenciales en sus brazos?

A lo largo del año, usted está en su campo. En una feria, ellos están en el suyo. Cuando llama a un cliente potencial siempre existe un grado de intimidación al colocarse en el territorio del otro. No domina el entorno. Pueden hacerle esperar en la entrada, aceptar interrupciones o recibir llamadas de teléfono. Puede resultar verdaderamente desagradable. En una feria es usted el que controla el ambiente, su stand. Es cierto que existen muchas distracciones; una feria puede ser tremendamente ruidosa. Pero puede diseñar su stand como desee. Quizá desee que sea como su oficina, o que parezca un espacio abierto, o incluso que reproduzca su cadena de producción. Hasta cierto punto, usted controla a su cliente potencial porque domina el ambiente.

Sobre el terreno usted y el comprador están solos. En una feria es usted y todos los demás. Las ferias son como centros comerciales. Los compradores escuchan sus argumentos de venta, y después van al stand de su competencia y comparan los productos. Pueden saber casi inmediatamente si sus productos destacan sobre los de su competidor. ¿Es tan bueno, mejor, peor, más barato, más caro, más resistente, más fiable, con más garantías? Cuando está en su despacho, resulta muy fácil afirmar la superioridad de su producto. En una feria debe responder de sus palabras, porque las pondrán a prueba inmediatamente. Es imprescindible que sepa perfectamente de lo que está hablando.

En las oficinas de un cliente no siempre resulta fácil hacer una demostración de su producto; una feria es el lugar perfecto para las demostraciones. Tanto si vende maquinaria pesada, como sistemas de interconexión telefónica, ordenadores centrales, o motores de avión, simplemente es imposible llevar su producto a un cliente para una prueba *in situ*. Por el contrario, una feria es un lugar perfecto para hacer demostraciones. Puede realizar una presentación práctica de su nuevo software para la gestión del tiempo; puede exponer productos con cortes en sección para su reconocimiento; incluso se pueden organizar demostraciones personalizadas para presentar sus productos en las mejores condiciones posibles.

Sobre el terreno no puede estar en dos lugares al mismo tiempo. En una feria es posible mostrar su producto a dos o más clientes potenciales a la vez. Las investigaciones demuestran que en promedio, en una feria verá a más clientes activos o potenciales que en seis meses en el terreno.[10]

Según el Laboratorio de Investigación de McGraw-Hill, cerrar una venta sobre el terreno requiere como promedio 5,5 llamadas. Pero si los contactos se han iniciado en una feria, entonces sólo serán necesarias un promedio de 1,8 llamadas.[11]

La venta en una feria nos coloca fuera de nuestro ambiente. Cualquier tipo de venta es incómodo, pero según sus grados, la venta en las ferias es una de las más difíciles. Es lógico que las personas intentemos estar al lado de la gente que conocemos y que nos gustan. Los vendedores no son diferentes en esto; pasan más tiempo con y hacen más llamadas telefónicas a viejos clientes, compradores o incluso clientes potenciales. Es difícil conseguir que un representante haga una llamada no programada o que haga un seguimiento de los contactos que se le envían. Por la misma razón, es incómodo trabajar en una feria. Su personal verá más caras nuevas durante esos tres días de feria que a lo largo de todo un año en el terreno.

A través de la formación, el equipo de ventas conocerá las diferencias entre la venta en el terreno y en la feria; aprenderá a aprovechar esas diferencias en beneficio propio. También aprenderá cómo tratar a las visitas e identificarlas rápidamente. En definitiva, aprenderá a funcionar en una feria de una forma

10. Según William Mee, Presidente Emérito de Trade Show Bureau.
11. McGraw-Hill Lab of Adverstising Performance (1985). La fuente procede de «Trade Show Bureau Research Report N.º B020», julio 1986.

eficaz, práctica y profesional para ayudar en la consecución de los objetivos de su empresa.

Las alternativas a las ferias

Si la empresa apoya sus ambiciosos y costosos planes, el presupuesto se aprueba y dispone de suficiente personal para atender con eficacia y efectividad su stand, ¡felicidades! Por desgracia, para muchos de nosotros esta situación es sólo una ilusión. Quizá no sea el momento adecuado para gastarse un dineral en una feria. Quizá sea mejor planteársela como una alternativa para el futuro. Quizá la feria tiene tanta demanda que no es posible alquilar espacio. Quizás opine que las garantías de la feria no son suficientemente fuertes para invertir mucho dinero en un stand. Incluso si decidiera alquilar un espacio de tres metros y ocuparse usted solo de la feria, los gastos ascenderán a varios miles de dólares.

Preparar una feria no es necesariamente un problema de blanco o negro entre exponer o no exponer. La alternativa de no exponer en una determinada feria no significa que no pueda sacar provecho de ella. Después de todo, muchos de sus compradores más importantes se concentrarán en ese lugar durante varios días. Prepare la feria de todas maneras, incluso si no dispone de un espacio. A pesar de que hay muchas empresas que plantean esta opción, al final su comportamiento no es muy diferente del de las empresas que levantan un gran stand y simplemente esperan la avalancha de visitas, porque tampoco hacen una planificación previa. No establecen objetivos ni fijan citas con los clientes. Simplemente visitan la feria, y se pasean por los pasillos, y de esta manera desaprovechan todas las ventajas que ésta ofrece.

La feria como una llamada para vender

Cuando llama a un cliente o un posible comprador, debe fijar una cita. Si sabe que varios de sus clientes visitarán una feria determinada, llámelos. Explíqueles que su empresa no dispone de stand, pero que usted tiene previsto visitarla. A menos que llame justo el día antes y la agenda de su cliente esté llena, él o ella le responderán afirmativamente. Después de todo, visitan la feria para encontrarse con gente como usted. El hecho de no disponer de un stand no significa que no pueda citarse con clientes o hacer contactos. Veamos las ventajas de esta estrategia.

Flexibilidad. Si no dispone de stand no estará atado a un espacio en concreto. No necesita estar en la feria cuando abra, y puede quedar para desayunar con un cliente. Tiene la opción de comer a la hora que quiera (la mayor parte del personal de un stand no come normalmente) y marcharse cuando quiera. Muchos visitantes desean evitar la hora punta de salida, por lo que se marchan pronto. Únase a ellos.

Movilidad. Puede convertirse literalmente en un expositor ambulante. Algunas ferias son tan enormes que los compradores organizan sus citas por zonas o pabellones. Quizás un comprador quiera verle, pero el único hueco del que dispone es el jueves a las diez y cuarto, hora a la que estará en el pabellón Sur. Ningún problema, porque usted no está atado a un espacio.

Administración del tiempo. No necesita estar desconectado de su oficina. Con frecuencia resulta difícil para el personal que atiende un stand estar en contacto con la oficina central y cuidarse de otros temas. No tendrá este problema, porque se podrá organizar el día. No sólo podrá hablar con la oficina central o llamar a clientes cuando sea necesario, sino que además podrá hacerlo fuera del ambiente ruidoso de la feria. Los temas relacionados con la feria y las otras obligaciones del día a día no tienen por qué ser incompatibles.

Relaciones públicas y recepciones. Si necesita un espacio para reunirse con sus clientes potenciales, gástese unos cientos de dólares y reserve una habitación en un hotel. Si esa habitación está bien situada en relación con la feria, la gente vendrá cuando la invite. Incluso puede desplegar un expositor en la habitación si es necesario. (Hablaré de las habitaciones para recibir con más detalle en el capítulo 7.)

Menos estrés. No necesitará montar y desmontar un stand. Ni tampoco tiene que estar todo el día en un stand buscando posibles compradores entre desconocidos, así que se ahorrará pasar largas horas de pie tratando de descifrar el lenguaje no verbal de los visitantes.

Menos costes. Una razón evidente, pero un factor muy importante a tener en cuenta. Se ahorra los costes del espacio, el stand y la rotulación, el transporte, los servicios y la publicidad. También ahorra dinero en gastos de viaje porque puede volar allí el día antes del inicio de la feria y marcharse incluso antes de que termine.

Conocer las tendencias y examinar a la competencia. Cuando no tenga ninguna cita, dedíquese a recorrer la feria. Visite a su competencia y estudie las novedades que presenta. Entérese también de quién está visitando sus stands; quizás así pueda conocer algún contacto interesante. Asegúrese de que recorre toda la feria. Muchas de las novedades las presentan empresas pequeñas que están relegadas a stands de 3 metros en los pasillos exteriores o en el piso inferior. Mantenga los ojos y las orejas abiertos.

Aproveche todos los detalles. Cuando camino por los stands de una feria, me fijo en las tarjetas de identificación de la gente tanto como en los stands. En muchas ocasiones me he encontrado con posibles clientes que por una razón u otra no han podido acercarse a mi stand. Si no dispone de un stand, es doblemente importante para usted estar atento a la gente que le rodea. Busque posibles contactos en el autobús, en la cafetería, en los stands de la competencia, en el limpiabotas, incluso en los lavabos. Mantenga los ojos y las orejas abiertos.

Seminarios y foros. Sin un stand tiene la flexibilidad necesaria para ajustar su agenda a las conferencias y ciclos de charlas. Esto es importante para la educación permanente en su campo. Además, a estas conferencias suelen asistir muchos compradores.

Una razón extra. Algo extraño sucede el último día de la feria; un día normalmente más corto que se transforma en un gran mercado del intercambio. He visto gente arrastrando carritos de la compra arriba y abajo para adquirir muestras a precios ridículos. ¿Quién lo necesita? ¡Como usted no tiene un stand, no necesita quedarse!

No me malinterprete. No estoy diciendo que todo esto sea mejor que tener un stand en la feria. Pero, si después de analizar la cuestión, decide no exponer, considere la posibilidad de aprovechar la feria de este modo. En muchos casos puede ser tan agotador como tener un stand, pero con un coste mucho más bajo y también puede proporcionar un buen rendimiento.

4

El marketing previo

La Regla de la Feria

Normalmente los organizadores de una feria siempre anticipan la presencia de un número de visitantes mayor incluso que la capacidad del pabellón. Sin embargo, durante la tarde del primer día los pasillos estarán desiertos. Y recuerde que la mayoría de los expositores en ferias con unos 100.000 visitantes, calculan que, con suerte, sólo unos 20.000 o 30.000 de ellos son compradores reales. En otras palabras, sólo el 25 % de las personas que entren en su stand son compradores de algo. ¡Y todavía le falta distinguir entre ellos a los que forman su público objetivo!

Llevemos este último ejemplo un poco más allá. Si la feria está abierta un total de 30 horas durante cuatro días, quizá pueda realizar un promedio de 12 contactos por hora, 360 contactos en total. Si el 25 % de ellos son compradores reales, nos quedan 90 contactos. Asumamos que la mitad de ellos encajan con su público objetivo. Si decide asistir a una feria con 100.000 visitantes y le dijera que obtendría sólo 45 contactos válidos, ¿pensaría que estoy loco? Sin embargo este un ejemplo realista de lo que podría lograr en una feria.

Esto nos lleva a lo que yo denomino *La Regla de la Feria:*

El éxito real depende totalmente de usted y no tiene nada que ver, repito, nada que ver con la organización de la feria. Por supuesto, ahora estará agitando la cabeza y diciendo para sus adentros: «Este tipo está loco. La organización de nuestra feria es directamente responsable de atraer compradores. Acabo de ver un anuncio enorme en una revista del sector invitando a los compradores a asistir».

Esto quizá sea verdad. Pero antes de que cierre este libro y se lo regale al primero que pase, hablemos de lo que realmente puede esperar de la organización de una feria.

La organización de ferias es un negocio. El producto es la feria y la medida de su éxito es el número de metros cuadrados de espacio que se logran alquilar. Y la manera de mantener ese éxito es satisfacer a los expositores. En un momento determinado, alguien pensó que el éxito de una feria estaba determinado por el número de visitantes que acuden, y por alguna extraña razón los expositores aceptaron este principio. Después de todo, si una feria reúne a 25.000 compradores y usted no consigue cerrar ninguna venta, es culpa *suya*. Así que a más visitantes, más satisfechos estarán los expositores. Y cuanto más satisfechos estén los expositores, más éxito tendrá la feria. Cuanto más éxito tenga una feria, más se apresurarán las empresas a reservar sus espacios para el año siguiente. De esta forma la ilusión se perpetúa.

El problema es que el número de visitantes *per se* no tiene nada que ver con el éxito de una feria. Su éxito es exclusivo de su empresa y puede basarse en muchos factores: ventas, nuevos contactos, mejora de las relaciones con sus clientes, prueba de producto, investigación de mercado, por citar algunos ejemplos. Dudo seriamente que se marque como objetivo alcanzar 25.000 visitas.

El apoyo de marketing que puede esperar de los organizadores de la feria incluye la promoción del evento a través del envío de cartas, la publicidad en revistas especializadas y en ocasiones el regalo de entradas. Estas acciones de marketing están dirigidas a públicos muy amplios con el objetivo de atraer un gran número de visitantes. Quizás entre ese gran grupo de visitantes se encuentre su público objetivo, pero depende de usted definir si es así, y si lo es, atraer a las personas adecuadas a su stand. Recuerde, la organización de la feria garantiza visitantes, no compradores.

Garantice su éxito antes de la feria

El marketing previo a la feria tiene una incidencia directa en el éxito o fracaso de la feria por una razón fundamental: ¿si su público objetivo no sabe que expone en la feria, cómo espera que busquen su stand? ¿Cree sinceramente que puede limitarse a alquilar un espacio, montar su stand y esperar que lleguen las masas? En un estudio del Center for Exhibition Industry Research (antes denominado Trade Show Bureau), se identificaron seis factores que influyen sobre la decisión de un cliente potencial a la hora de visitar un determinado stand:

1. La realización de demostraciones interesantes de productos: un 28 %. Un visitante se siente atraído por demostraciones de productos de calidad, hechas con profesionalidad. Esto no implica necesariamente contratar a actores o actrices profesionales, o a modelos; simplemente, quiere decir desarrollar presentaciones interesantes y que resulten atractivas.
2. La situación del expositor: un 23 %. Obviamente es mucho mejor situarse lo más cerca posible de la entrada y el centro del pabellón. Aunque esto parezca contradictorio con lo que he dicho en el capítulo 3, en realidad no lo es. Mis comentarios en ese caso se referían al flujo de visitantes en la

feria. Este estudio analiza la razón por la cual un visitante acudió a un determinado stand. Aunque los compradores recorren, de hecho, toda la feria, es poco probable que visiten una empresa situada en un pasillo lateral en el nivel inferior, simplemente por su situación. Y reflexione por un momento sobre lo siguiente: si la única razón por la que un comprador se detiene en su stand es por su situación, ¿qué implica este hecho en relación con la imagen que él o ella tienen de su empresa y sus vendedores?

3. La recomendación de un colega: un 13 %. Una de las maneras más eficaces de atraer gente es conseguir que sus clientes activos y sus contactos profesionales recomienden visitar su stand a posibles compradores.

4. El diseño del stand: un 13 %. Las tres cosas que una visita percibe en primera instancia son el stand, los productos y el personal. Estos tres elementos influyen en la impresión que causa. Asegúrese de que los tres son buenos.

5. La recomendación de los representantes comerciales: un 12 %. Los vendedores conocen los nombres y direcciones de sus clientes potenciales y les pueden enviar invitaciones personales. Esos compradores sabrán así qué es lo que presenta y dónde localizarle.

6. El tamaño del stand: un 2 %. El simple tamaño de un stand puede ser suficiente para despertar la curiosidad.

Existe otra razón importante para realizar una campaña de marketing previa a la feria, además de la evidente de atraer visitantes a su stand. Ayuda a alargar su efecto. Normalmente, una empresa considera una feria un evento de entre dos a cinco días, y pone su esfuerzo en conseguir que sean todo lo productivos que se pueda. Este punto de vista reduce su potencial a un tercio del total. Una feria se aprovecha en profundidad si se enmarca dentro de una campaña de cuatro a cinco meses, con el evento en medio de ese período. Una feria tiene claramente tres fases: antes, durante y después. Cada una de ellas tiene su propio impacto. Si planifica su campaña de marketing dos o tres meses antes de la inauguración de la feria puede generar expectación y entusiasmo hacia el evento, destacando sus nuevos productos revolucionarios o los servicios que presentará. Esto no sólo conseguirá motivar a sus clientes actuales o potenciales, sino también a sus empleados. Si consigue hacer la feria atractiva y la acompaña con una potente campaña de marketing posterior a la misma, el resultado será el éxito. En resumen: una fuerte campaña de marketing previa a la feria garantiza el éxito antes de que ésta se inaugure.

Existen varios métodos que se pueden utilizar en una campaña previa a una feria. Las siguientes páginas de este capítulo tratan sobre cómo aplicarlos.

Contactos personales

El método más eficaz para contactar posibles visitantes es una invitación personal. Todas las encuestas y dinámicas de grupo que he organizado para empresas y ferias refuerzan este método. Después de coordinar un seminario para la reunión anual de la Convención del Sector de Supermercados perteneciente al Instituto de Marketing Alimentario, dirigí un debate con varios compradores importantes. Todos estaban de acuerdo en que la mejor forma de atraerles a un stand era con una carta personal (no una nota dirigida a «Apreciado Sr. Comprador») exponiendo una razón poderosa y atractiva, pensada de manera específica para su actividad profesional, por la que deberían visitar su stand.

El primer paso de este proceso es identificar su público objetivo y elaborar un listado de correo; incluya a sus clientes actuales y a los potenciales. Hacer una relación de sus clientes activos será una tarea fácil, pero localizar a los potenciales puede requerir un trabajo de investigación extenso. Existen varias formas de conseguir esos nombres y direcciones. Sus representantes conocerán los nombres de varios a los que todavía no han conseguido vender. También puede obtener listados a través de intermediarios de confianza, una asociación profesional o sectorial, una publicación del sector, e incluso de la propia feria. Asegúrese de que restringe su petición a los grupos que realmente le interesan.

Una vez que ha elaborado sus listados, empiece a utilizarlos dos o tres meses antes de la feria. Empiece con una invitación personal por parte de la persona con más prestigio en su departamento (¿qué le parece el presidente de su empresa?). No redacte una carta demasiado larga. Limítese a darles el nombre de la feria, las fechas, los productos que piensa exponer, la razón por la que la visita les será de utilidad, la ubicación de su stand, y el nombre, dirección y número de teléfono de una persona de contacto para ampliar la información. Lo más importante de una invitación personal es precisamente eso, que es personal. El cliente sentirá que es tratado de manera individualizada. Por lo tanto no haga el envío por correo normal, ni introduzca prospectos ni información sobre precios. Guarde todo eso para la feria.

Una semana más tarde de esta primera carta, la persona de contacto debería hacer un seguimiento mediante llamadas telefónicas personales, cartas e invitaciones para convencer al cliente potencial de que visite su stand. No se contente con una simple confirmación de que pasarán a verle. Haga un planteamiento más personal y consiga cerrar una cita. Existen dos razones importantes para hacerlo de esta manera. La primera es el compromiso; tienen la obligación de presentarse porque han quedado. La segunda es que el comercial responsable de ese cliente potencial puede programar su agenda para poder atenderle personalmente. Este tipo de citas es clave para el éxito de una feria. Si cada representante tiene comprometidas cuatro citas cada hora, en ese caso la sensación de éxito empieza incluso antes que la propia feria. Los objetivos básicos se han conseguido; si alguien más visita el stand, mejor que mejor.

Las invitaciones personales no funcionan siempre. En ocasiones hay que ser un poco más creativo para atraer la atención de posibles compradores, como se demuestra en el siguiente ejemplo.

Un pequeño fabricante de juguetes del sur de California tenía previsto exponer en la feria de las Promociones y los Incentivos de Nueva York. Al buscar información sobre la feria descubrieron que se esperaban más de 30.000 visitantes. El director de ventas estaba muy contento hasta que se enteró de que también habría 1.500 expositores. Una preocupación añadida era que al otro lado del pasillo se situaría un stand de Apple Computer de 110 metros cuadrados. El fabricante de juguetes temía que su stand de 5 metros cuadrados sería engullido por el gigante.

Para llamar la atención de su público objetivo, el fabricante de juguetes preparó una campaña en oleadas para invitar personalmente a sus clientes potenciales y cerrar citas con ellos. Una campaña en oleadas es una serie coordinada de acciones de marketing en un breve plazo de tiempo diseñadas para alcanzar un objetivo determinado. En este caso, la campaña consistía en un envío de cartas en tres fases, cada una pensada para despertar la curiosidad por la siguiente. Diez semanas antes de la feria, la primera carta, enviada por el presidente, invitaba a todos los clientes potenciales a visitarles en la feria. El segundo envío incluía un plano con la situación del stand de la empresa marcado en   rojo.

En un tercer envío, y sabiendo que los visitantes pasarían la mayor parte del tiempo de pie durante cuatro días, y que caminar tanto les produciría cansancio y dolor de pies, el director de ventas les envió unas plantillas del Dr. Scholl's, con el logotipo de la empresa estampado. Si el receptor utilizaba las plantillas, cada vez que se pusiera o quitara los zapatos vería el logotipo de la empresa de juguetes. Mediante una serie de llamadas telefónicas dos semanas antes de la feria se consiguió acordar docenas de citas. El número de visitantes que pasaron por el stand también fue grande. ¿Cuál fue el resultado de esta campaña tan personal y creativa? Más del 90 % de los clientes potenciales seleccionados visitaron el stand.

Existe otro método que he utilizado en varias ocasiones cuando he querido invitar a determinadas personas a mi stand. Utilicé esta técnica por primera vez después de intentar sin ningún éxito conseguir una cita con el presidente de una empresa seleccionada como una de las 500 más importantes por la revista *Fortune*. A pesar de que no encontré trabas para hablar con él por teléfono, insistió en que su agenda estaba totalmente llena y que le era imposible verme; simplemente no tenía tiempo. Estaba esperando un vuelo entre Los Ángeles y Chicago cuando se me ocurrió una idea. Me acerqué al mostrador de una compañía de seguros y rellené una póliza. Hice beneficiario al presidente de aquella empresa, le adjunté una nota de «pensando en usted» y se la envié. Dos días más tarde, cuando yo ya había regresado a Chicago, aceptó una cita conmigo. (Quizá hubiera preferido que yo no estuviera en condiciones de asistir a la cita.)

Telemarketing

Así que no dispone de un gran presupuesto de publicidad. No hay problema, no es necesario gastar una fortuna para desarrollar una campaña de publicidad efectiva antes de una feria, porque existen otras alternativas. A la hora de planificar, planee una «publicidad agregada» y reparta su dinero en más de un soporte publicitario.

El telemarketing es la mejor alternativa después de las invitaciones personales. Si ya utiliza esta herramienta en su plan de marketing, le resultará fácil integrarla en su esquema previo a la feria. Sencillamente, prepare un listado con todos los posibles clientes a los que quiere llegar y encargue al personal de telemarketing que solicite citas seis semanas antes de la apertura de la feria.

Si no utiliza el telemarketing en su empresa, quizás esté perdiendo algunas oportunidades. Le aconsejo encarecidamente que se lo plantee con la ayuda de libros, casetes y seminarios. Una manera sencilla de comenzar podría ser elaborar una lista de su público objetivo, y escribir un guión sencillo. Aquí tiene un ejemplo:

Hola, quisiera hablar con el Sr./Sra./Srta.

Buenos días / buenas tardes, Sr./Sra./Srta.

Me llamo_____. Le llamo de Widget Manufacturing Company en Seattle. ¿Piensa usted asistir a la Feria Nacional de la Promoción y los Incentivos en Nueva York, que se celebrará del 5 al 8 de mayo?

(Pausa)

(En caso de que no) Lo siento. Estábamos deseando tener la oportunidad de enseñarle_____. ¿Hay alguien de su empresa que asista?

(En caso de que no) Muchas gracias de todas formas, Sr./Sra./Srta. De todas maneras le enviaré información sobre _____ _____. Adiós.

(Si la respuesta a la primera pregunta es afirmativa) ¡Estupendo! Me gustaría proponerle una cita en nuestro stand. ¿Qué le parece el lunes a las 11.30, o quizá el martes a las 2.00 le vaya mejor?

(Pausa)

(Si escoge una de las dos) Le esperamos en nuestro stand _____. Le envío por correo una carta de confirmación.

Gracias por su atención, Sr./Sra./Srta.

(Si no quiere fijar una cita) Lo entiendo, Sr./Sra./Srta. _____ _____. ¿Podría al menos decirme si pasará en algún momento del lunes por la mañana o el martes por la tarde? (Nunca me han dicho que no a este planteamiento.)

(Pausa)

De acuerdo; muchas gracias. Le pasaré esta información al Sr./Sra./Srta._____, que esperará su visita. Adiós.

Este tipo de llamadas es sencillo y no requiere más que unos pocos minutos. Si no dispone de nadie para hacerlas, contrate una operadora temporal. Proporciónele el listado y el guión. Le puede pagar por horas, o mejor aún, según las citas conseguidas.

Envíos por correo

Los envíos por correo son el mejor medio para contactar a sus compradores potenciales, después de las invitaciones personales y del telemarketing. Elabore un listado con los clientes activos, los potenciales conocidos, las personas que han solicitado información sobre los productos a lo largo de los últimos doce meses, y otras fuentes posibles. Una vez más, puede completar esos nombres comprando una lista a un intermediario acreditado, una asociación sectorial o una publicación especializada.

Siga la misma planificación diseñada para las invitaciones personales; pero en lugar de enviar cartas de confirmación, haga tres envíos comenzando tres meses antes de la feria, con una cadencia de unas tres o cuatro semanas. Existen literalmente miles de posibilidades, así que no se limite al típico lapicero, calendario o llavero. Busque en las Páginas Amarillas un especialista en artículos publicitarios; visítelo, explíquele sus objetivos y su presupuesto. Seguro que el distribuidor dispone de muchas muestras y catálogos para escoger. Este es un sector muy especializado; deje que el distribuidor le ayude.

Si tiene intención de utilizar algún elemento promocional o de regalo, asegúrese de que su proveedor dispone de tiempo suficiente (entre cuatro y seis semanas) para entregarle los artículos. Prepárese para hacer un depósito de un 50% del total del pedido cuando lo haga. A no ser que lleve tiempo trabajando con esa empresa, es difícil que lo pueda evitar.

Utilice toda su imaginación cuando plantee esta serie de envíos; por descontado que cuanto mayor sea su presupuesto, más posibilidades tendrá. Una gran idea puede ser grabar un vídeo, invitando a sus clientes potenciales a visitarle en la feria, producido por un profesional. Es muy habitual que la gente tire el correo comercial antes incluso de mirarlo, sobre todo si no es personalizado, pero yo no he oído que nadie tirara una cinta de vídeo que hubiera recibido por correo.

Quizá no disponga de presupuesto para grabar vídeos, pero necesita algo que llame la atención. Cuando ponga un anuncio en una publicación especializada (recuerde que el estudio Wheeler al que me refería en el capítulo 2 recomendaba un trabajo coordinado de promoción), pida a la revista que le imprima unos miles de copias de la página con su anuncio. Es barato, y de este modo podrá incluir el anuncio en su campaña de envíos por correo, incluyendo una nota que diga: «Anunciado en Widget Trade News».

Fax

Las invitaciones enviadas por fax son un buen sistema para contactar con sus clientes. A pesar de que a las máquinas de fax les queda poca vida, todavía pasarán algunos años hasta que desaparezcan del todo.

Sin embargo, tenga cuidado; el envío de faxes no solicitados no tiene buena imagen. Como el envío de faxes resulta relativamente barato, algunas empresas abusan. ¿Cuántos de nosotros no hemos visto cómo el fax se bloqueaba con la recepción de cinco páginas que no habíamos pedido, justo en el momento en el que estamos esperando algo importante?

Pero no tengo ninguna intención de desanimarle. Si va a enviar faxes a posibles visitantes de una feria, simplemente debe recordar un par de normas sencillas:

Sea breve, nunca más de una página. Además de no bloquear el fax, su receptor no tiene ni tiempo ni ganas de leer nada que sea más largo.

Envíelo por la noche. De esta forma no utiliza el fax durante el día. Además, ¡será la primera cosa que el destinatario vea sobre su mesa por la mañana! Los faxes enviados en el momento idóneo pueden atraer verdaderamente la atención.

El correo electrónico

Los mensajeros ya no eran lo suficientemente rápidos. Necesitábamos los faxes. Pero tampoco eran lo suficientemente veloces. Ahora disponemos del correo electrónico. ¿Será esto lo suficientemente rápido?

La posibilidad de potenciar su participación en una feria mediante el correo electrónico es realmente tentadora. La capacidad de enviar en un instante cientos o miles de invitaciones personales con un simple toque de ratón nos da una sensación de poder y eficacia. Es cierto que tenemos la capacidad de redactar una invitación y enviarla con rapidez mediante Internet, con la conexión de que disponga. Por desgracia, en el momento de escribir esto, todavía falta bastante para alcanzar unas conexiones perfectas del todo.

La gran ventaja del correo electrónico es que no supone mucho gasto de dinero ni tiempo. Básicamente es como una llamada local. La parte negativa tiene dos caras. La primera es que con este sistema nos estamos comunicando de forma masiva y no de la forma personalizada que caracteriza a una promoción efectiva. La segunda es que todavía no disponemos del correo electrónico de todo el mundo. ¿Cómo contactaremos con los que realmente queremos hablar?

De todas formas, esta es un área que merece una atención especial. Los servicios online son el futuro. Si no forma parte de esta revolución tecnológica muy pronto se quedará en la cuneta. Lo que me lleva al siguiente aspecto de la promoción previa a una feria:

El ciberespacio

Tal como explica Nicholas Negroponte, del Laboratorio de Comunicación del Instituto Tecnológico de Massachusetts, la esencia de la revolución de la información es la diferencia entre los átomos y los bits. Los primeros son los elementos constitutivos de la materia física, que hasta el momento habían sido la base de nuestra comunicación física. Los bits son evanescentes; una gran palabra para una cosa tan pequeña. Pero a partir de una cosa tan pequeña se ha desarrollado la era de la información y un sistema de comunicación totalmente nuevo. Cada vez más, nuestras experiencias pasan a través de los ordenadores. Cada vez más, el contacto con nuestros clientes o posibles compradores tiene lugar a través del módem.

¿Seremos capaces de promocionar nuestra participación en ferias a través del ciberespacio? Quizá sí, quizá no. El único problema de las Autopistas de la Información es exactamente el mismo que tiene emplear las ferias para llegar a nuestro público objetivo. ¿Con tantos expositores, cómo nos encontrará nuestro comprador? Con los servicios online ocurre igual. A menos que alguien sepa de antemano dónde estamos y tenga algún motivo para visitarnos, tampoco podremos comunicarle que nos gustaría que nos visitara en la feria; es como un círculo vicioso en el ciberespacio.

Por supuesto, si dispone de una página web con muchos visitantes, debe emplear esa posibilidad para invitarles a que pasen personalmente por su stand. Puede aprovechar para crear una página en la que exponga fotos de los nuevos productos que presentará en la feria. Puede introducir un plano de la feria con su situación destacada o parpadeante. Los visitantes pueden descargar una invitación para visitarle en la habitación que ha reservado en un hotel. Incluso pueden contestar a una encuesta online relacionada con un nuevo servicio que piensa introducir.

Los soportes impresos

Las revistas especializadas son un medio para llegar a su público; sin embargo, evite anunciarse en los números dedicados a la feria, especialmente si tiene un presupuesto reducido. En el mundo de la publicidad es más importante la frecuencia que el tamaño; esto quiere decir que es mejor contratar una serie de espacios más pequeños en los números de los meses previos, que una página entera, a todo color, en el número especial dedicado a la feria, incluso si el editor reparte de forma gratuita miles de copias entre los visitantes. Una encuesta realizada por Exhibit Survey para el Center for Exhibition Industry Research demuestra que el flujo de visitas a un stand se incrementa en un 40 % por cada cuatro páginas de publicidad previas a la feria.[12] Según mi propia experiencia, el ejemplar de la feria sólo se lee una vez acabada la misma. Después de todo, los visitantes no llegan, cogen un ejemplar de la revista de la feria, se sientan y lo leen antes de comenzar sus visitas a los stands. Las planifican antes de llegar al recinto. Asegúrese de que está en sus agendas utilizando las publicaciones del sector con cierta anticipación y frecuencia.

12. «Trade Show Bureau Research Report N.º 27», octubre 1985

El uso de artículos publicitarios como sistema de promoción

Los artículos publicitarios son cosas que se ven en todas las ferias, y ofrecen literalmente miles de posibilidades. Representan uno de los sistemas más prácticos para fomentar el conocimiento de la marca y la retención del nombre. Pero también son, al mismo tiempo, una de las herramientas de marketing peor utilizadas y comprendidas. El Advertising Specialty Institute se creó para intentar poner algo de orden en un sector tan caótico.

Un artículo especial de publicidad debe cumplir tres requisitos en relación con su función, mensaje y precio antes de poder calificarse como un instrumento publicitario.

Función

Las bolsas de plástico que te dan en todas las ferias son un buen ejemplo de un artículo publicitario. Su función es contener cosas. Contienen notas, folletos y pequeños regalos. El problema que presentan estas bolsas es que tienen una vida muy corta. Una vez que se ha examinado el contenido de la misma, la bolsa va a la basura. Estas bolsas se han hecho muy populares entre los expositores en los últimos años, lo que significa que habrá varios expositores en tu feria haciendo lo mismo. No copies, innova. No recomiendo las bolsas de plástico.

Impresos con el logotipo o un mensaje

Todo artículo publicitario especial llevará incorporado un logotipo o un mensaje publicitario en algún lugar. Los sistemas de impresión incluyen el grabado, la serigrafía, el estampado o la impresión.

Coste aceptable

Los artículos publicitarios de este tipo suelen ser baratos, normalmente unos céntimos por unidad. Si pretende dar un regalo a cada persona que pase por delante de su stand, y desfilan unos 65.000 visitantes, no puede gastarse mucho por unidad. Sin embargo, si lo que pretende es dar un buen obsequio a sus 100 mejores clientes en la feria, podrá gastarse algo más.

Personalice su campaña

A pesar de que no estoy necesariamente a favor del uso de este tipo de artículos publicitarios, pienso que tienen un lugar en su plan de marketing. Y con probabilidad la feria es un momento adecuado para ellos. Si decide regalar algo, seleccione alguna cosa que destaque de la masa, algo que cree una opinión positiva sobre usted entre sus clientes potenciales.

Personalícelo. Además de incorporar el logotipo de su empresa, grabe el nombre del receptor. Le añade un toque personal y especial; además la gente no suele tirar algo que lleva su nombre grabado.

Asegúrese de que tenga un valor percibido alto. Una empresa utilizaba navajas del ejército suizo como regalo en una sofisticada campaña promocional dirigida a los presidentes de las empresas que compraban maquinaria pesada. A pesar de que, comparado con los miles de dólares que valía un camión, el coste era bajo, el valor percibido era alto y el regalo resultó ser un elemento válido dentro de una campaña de primera categoría.

Transmita la sensación de exclusividad limitando su distribución. Mi mujer trabajó para Walker Manufacturing Company, una división de Tenneco. La empresa fabrica amortiguadores y convertidores catalíticos. Como otras empresas del sector del automóvil, Walker utiliza regalos corporativos, como camisetas, gorras, navajas, jarras y chaquetas, por mencionar algunos, e incluso una chaqueta negra especial que todos quieren. Pero no todo el mundo tiene una, porque hay pocas disponibles; se ha convertido en un regalo especial, un símbolo de distinción entre los clientes.

Vístalo con un estatus especial. Después de que Jack Nicklaus ganó el Masters de golf con un palo especialmente grande, esa marca en particular experimentó un gran repunte en sus ventas. Todo el mundo desea tener un producto con ese estatus añadido. Si puede crear ese halo, benefíciese de su valor.

Dé algo con un nombre o marca, o con un diseño de alguien conocido. Imagínese por ejemplo, dar copias de un cuadro de Leroy Neiman especialmente hechas para los clientes de una empresa. Esto tendría todavía más éxito si Neiman en persona pintara los cuadros en la feria.

Haga que encaje con el gusto, la posición y el estatus del receptor. Algunas empresas continúan regalando pequeñas insignias en las ferias para promocionar su nombre. El problema surge cuando ponen una insignia en el traje Giorgio Armani de mil dólares de un director general. Tenga en cuenta el tipo de receptor al que va dirigido el artículo.

Halague al receptor. Cree reconocimientos sutiles que sean recordados a lo largo de los años. A modo de ejemplo: yo tengo un pisapapeles con la forma de una estrella. En cierta ocasión, hice un favor a un cliente y me la regaló con mi nombre grabado. Lo guardo con orgullo sobre mi mesa para que todo el mundo lo vea. Conozco también empresas que regalan bolígrafos diseñados especialmente con el logotipo de la empresa grabado, que son como «medallas al honor» para sus vendedores. Cuando alguno de ellos saca su bolígrafo especial para escribir un pedido, los clientes saben que ese vendedor es un ganador.

Dele su toque. En una convención médica, una empresa regalaba ositos de peluche a cada pediatra que asistiera a una presentación de ventas. Más del 93 % de los invitados asistió. Imagínese una cola larguísima de médicos esperando para recoger su osito.

Elija una cosa práctica y funcional. El hecho de que el obsequio sea funcional aporta una razón al receptor para guardarlo. Si sirve para algo, tiene una razón para seguir ahí. No sólo existe para el propio ego. Yo utilizo un abrillantador de zapatos de bolsillo como regalo. Debido a que otorgo una especial importancia a unos zapatos brillantes en una feria, este es un obsequio coherente para mí. Es funcional, y a la gente le gusta. ¡De hecho, a la gente le gusta tanto, que incluso me llaman para pedirme otro cuando lo extravían!

Ofrezca el regalo con cortesía. Imponer un obsequio a alguien hace que pierda su sentido. Respete a sus visitas, incluso si rechazan su ofrecimiento. Ninguno de estos diez consejos es la respuesta definitiva para todas las circunstancias. Pero cuantos más pueda tener en cuenta a la hora de elaborar su herramienta de marketing, más probabilidades tendrá de que funcione. Y de eso trata el juego.

Los medios de comunicación locales

Muchas empresas contratan anuncios en la sección de economía de los diarios locales un día o dos antes de la inauguración de la feria. Debe considerar con detenimiento los puntos a favor y en contra de esta opción antes de tomar una decisión. Los visitantes de una feria se desplazan desde distancias más grandes de lo que muchas empresas piensan. Una encuesta en ferias regionales y nacionales demostró que el 64 % de los visitantes recorría, por lo general, más de 300 kilómetros para asistir a la feria.

Cada vez más, las grandes ferias están transmitiendo a través de la televisión por cable información a los hoteles de la zona. Con frecuencia, también ofrecen publicidad a precios razonables. Por desgracia, en la mayoría de los casos están transmitiendo a habitaciones vacías. ¿Si la gente se encuentra en la ciudad para asistir a la feria, por que habrían de estar en las habitaciones de sus hoteles?

Otras promociones a tener en cuenta

Existen muchas otras fórmulas para anunciar su presencia en una feria, y debería tenerlas en cuenta como alternativas en su campaña publicitaria. Sin embargo, ¡tenga en cuenta al comprador! Por una u otra razón, la mayoría de estos métodos no son aconsejables.

Vallas
En las ferias nacionales e internacionales algunas empresas usan vallas publicitarias para anunciar la situación de sus stands. Por desgracia, no hay forma de cuantificar la efectividad de esta inversión. Se limita a ser una publicidad de marca.

Además, una valla es vista por todos los que pasan, no sólo por su público objetivo. No invierta su dinero en vallas, independientemente de lo grande que sea su empresa. Existen muchos otros métodos cuantificables de gastar su presupuesto para promoción.

Guía de visitantes

Se trata de guías especializadas que se distribuyen en las ferias y que ofrecen información sobre dónde ir y qué hacer en el centro de convenciones. El principal problema con estas guías es el mismo que con los números especiales de las revistas especializadas. Están accesibles durante la feria, ¡demasiado tarde! Recuerde que su objetivo es estar en las agendas de los clientes *antes* de que lleguen a la feria.

Inserciones

Algunas revistas y diarios diseñan páginas publicitarias especiales que reproducen su propia portada, y que insertan dentro de sus ejemplares normales. Ya que la mayoría de los visitantes se alojan en uno o dos hoteles, puede organizar un reparto en sus habitaciones de estas inserciones especiales. Es una fórmula muy llamativa, aunque presenta tres inconvenientes. La primera es que todos los visitantes que se alojan en esos hoteles recibirán un ejemplar, correspondan o no a su público objetivo. En segundo lugar, se distribuyen en la feria, lo que quizá sea demasiado tarde. En tercer lugar, puede resultar muy caro.

Existe una forma de eliminar los dos primeros inconvenientes, y los editores de algunas revistas estarán dispuestos a colaborar en ello. Diseñe la inserción con varios meses de anticipación, y envíe al editor los nombres y direcciones de su listado de correo. El editor les enviará su ejemplar regular junto con su inserción.

Correspondencia corporativa
Imprescindible. Diseñe e imprima una pequeña hoja anunciando la feria, sus fechas, la ubicación de su stand y lo que se expondrá. Tres meses antes, incluya esta hoja en toda la correspondencia que salga de su empresa (facturas, cartas, envíos, etcétera.)

Otras herramientas de promoción

Las herramientas que expongo a continuación son efectivas pero poco apreciadas. La mayoría de las empresas pequeñas ni siquiera se las plantean, aunque son muy sencillas. Y además, es un trabajo que usted mismo puede hacer.

Boletines
Un boletín es una excelente fórmula para comunicar su participación en una feria. Sus clientes y compradores potenciales lo esperarán cada trimestre (o cuando sea). Intente destacar de forma clara su presencia en la feria y asegúrese de que incluye el nombre y número de teléfono de una persona de contacto de su empresa.

Notas de prensa
El propósito de una nota de prensa es comunicar de una forma efectiva la información digna de difundirse. Su contenido puede variar. Puede incluir, aunque no limitarse, a información sobre productos nuevos, una mejora en un producto ya existente, una innovación en el sector, nuevas aplicaciones de productos actuales, o cambios de personal. El punto clave a recordar sobre una nota de prensa es que no debe ser un anuncio publicitario. Prepárelo como una noticia. Ofrezca todo tipo de información pertinente (quién, qué, dónde, por qué, y cómo)

en el primer párrafo. Especifique a continuación todos los detalles y descripciones.

Una buena nota de prensa ocupa una página, a doble espacio; es breve. En la parte superior escriba *Comunicación inmediata* o *Comunicar a partir de*_____ (la fecha que corresponda). Escriba a continuación el titular y la noticia. En la parte inferior de la página, añada *Para más información, contactar:* _____ y ponga su nombre, dirección y número de teléfono. Quizás un medio de comunicación quiera ponerse en contacto con usted para publicar un reportaje. Si dispone de una foto y es relevante, incluya una copia clara en blanco y negro. Envíe la nota a todos los medios al menos tres o cuatro meses antes de la fecha en que desee que aparezca. Esta es la anticipación con la que preparan las revistas sus contenidos editoriales. Los diarios trabajan con menos anticipación. Con un par de semanas tienen suficiente.

No todos los medios recogerán su nota de prensa. Pero si una o dos la publican, vale la pena.

Revistas

Las revistas con frecuencia escribirán sobre su empresa, sus productos y sobre usted, si es un anunciante activo o potencial. Aunque esta costumbre no aparece reflejada en la definición de la política corporativa de ningún medio, y muchos de ellos lo negarán categóricamente, la realidad es que los medios sólo pueden sacar adelante su negocio si sus clientes están satisfechos. Un medio de comunicación puede proporcionar una cobertura especial sin coste adicional al anunciante. La revista siempre tendrá, de todas formas, un espacio dedicado a editoriales; es mejor para ellos dedicarlos a promocionar a los anunciantes (y sus egos). No se preocupe y solicite cobertura gratuita. Pídala antes de firmar el contrato. Lo peor que puede ocurrir es que le digan que no; pero lo más probable es que escriban algún buen reportaje sobre su empresa.

Si no es anunciante, o si trata con una de esas revistas en las que los vendedores de publicidad no tienen contacto con los editores, también puede obtener alguna cobertura. Preséntele a la revista una razón poderosa para publicar su noticia. Cuando hable con el director de un medio, busque el lado que pueda resultar interesante para sus lectores. No se limite a sugerir que escriban sobre usted. Ofrezca información interna acerca del sector. Los medios no están interesados en la publicidad gratuita; su área es la difusión de información: nuevas tendencias, nuevos hallazgos en el sector. Deles un buen tema para escribir y lo harán.

En ocasiones, será el editor el que le diga el tipo de noticia que está buscando. Intente conocer a sus lectores. Propóngale una noticia que realmente esté deseando publicar. El editor de una gran revista especializada me contó una vez que el 80 % de sus noticias procedía de fuentes externas. Ayúdele en su trabajo, y obtenga cobertura para su empresa al mismo tiempo.

Seminarios

Las encuestas demuestran que uno de los elementos más atractivos del programa de una feria son las sesiones formativas. Si participa en ellas no sólo será visto por mucha gente, sino que ante sus ojos aparecerá como un experto.

Piense en algún campo de conocimiento que pueda ser interesante para los visitantes, y contacte a los organizadores para ofrecer sus servicios como conferenciante. Solicite información sobre el tipo de programas que están buscando y el tema de la próxima feria. Así podrá preparar un tema específico u ofrecerse como voluntario en alguno de los debates. Asegúrese de hacer la gestión de nueve a doce meses antes de la feria, porque los organizadores planifican con esta antelación.

Aunque no siempre resulta fácil ser incluido en un programa, no es imposible. Y una vez que ha sido elegido, llega la publicidad. No sólo podrá aprovechar para dar a conocer su participación a través de sus campañas por correo, sino que la feria la promocionará también. Y por supuesto, las revistas especializadas también estarán interesadas en cubrir la noticia.

¡Sea diferente!

Es importante recordar que el planteamiento del marketing previo a la feria debe hacerse en función de los objetivos marcados para la misma. Independientemente de que sus objetivos incluyan conseguir ventas, nuevos contactos, acciones de relaciones públicas o investigación de producto, siempre necesitará que los asistentes a la feria pasen por su stand. Sea creativo en sus tácticas. Aquí tiene algunas propuestas para estimular su creatividad.

Acreditaciones
A modo de ejemplo, si la feria ofrece la posibilidad de registrarse con antelación por correo, ¿por qué no ocuparse de los trámites para sus clientes y compradores potenciales? Encárguese de las acreditaciones y envíelas por correo a sus clientes y compradores con una invitación para visitar su stand. Puede añadir una sutil nota: «Oiga, hacemos esto por usted, ahora usted puede hacer algo por nosotros». Seguro que pasarán por el stand.

Facilite las reservas de hoteles
Observe lo que un cliente mío hace con motivo de la Feria de la Electrónica de Consumo de Invierno de Las Vegas. Cada año reserva 50 habitaciones en uno de los hoteles más impor-

tantes y se las ofrece junto con un servicio especial de recogida en el aeropuerto a sus clientes más importantes. El cliente paga su habitación, pero no tiene que preocuparse por las reservas ni los taxis. Algunos de sus clientes bromeando dicen que hacen negocios con mi cliente para disponer de una habitación en Las Vegas cada año. (Una ventaja extra de este servicio es que conoce dónde se hospedan sus clientes más importantes.)

Agenda de citas de la feria

Las agendas de bolsillo para que los compradores planifiquen sus citas resultan siempre prácticas. Envíelas entre cuatro y seis semanas antes de la feria. Sea inteligente y rellene uno de los espacios con una visita a su propio stand; entenderán rápidamente la sugerencia, y se presentarán sin duda a la hora propuesta. Si no pueden a esa hora, seguro que llamarán para proponer una alternativa. Esta agenda puede ser también un excelente medio para promocionar sus productos o servicios a través de fotos o anuncios publicitarios.

Organice un campeonato de golf el día antes de la feria

Recuerde que es frecuente que los visitantes de una feria combinen un poco de relax con los negocios, especialmente si la feria se celebra en un lugar agradable. Una empresa que conozco en el sur de California organiza un torneo de golf en uno de los mejores clubes el día previo a la inauguración de la feria. Lo convierten en un pequeño campeonato, y contratan un jugador profesional de la PGA para participar junto con sus invitados. Los clientes y compradores pagan los costes del día extra, y se lo pasan de maravilla. Durante el torneo no se habla mucho de negocios, pero todos los asistentes confirman una cita para visitar el stand en la feria.

Intercambie un libro por una cita

¿Ha escrito algún libro? Un autor que conozco, cuya empresa está presente en muchas ferias, regala ejemplares firmados de su libro a los que visitan su stand. La gente se va con algo que guardarán, y él con un montón de nuevos contactos.

Cierre su stand

Durante los dos últimos años en la Super Feria, Nike ha cerrado su stand durante el primer día de la feria y ha invitado a sus 700 amigos más cercanos a un pase privado de las novedades. ¡Se trata de una feria que atrae a 100.000 visitantes!

Piense en el impacto que tiene esta estrategia. A esos 700 invitados, Nike les está transmitiendo: «Sois muy especiales. De hecho, sois tan especiales, que os invitamos junto con la élite a conocer nuestros nuevos productos». Imagínese cómo se sienten esos invitados. ¿Cree que tienen la intención de continuar comprando a Nike?

¿Qué pasa con todos los demás visitantes? En primer lugar, estarán deseando visitar el stand de Nike al día siguiente para ver lo que los demás ya han visto. Y en segundo lugar, piensan: «Estaré en la lista de invitados el *año próximo*».

Quizá le interese cerrar su stand porque tiene un número limitado de clientes potenciales que visitan la feria y quiere dejar al resto fuera. En una edición reciente de Westec Show, un expositor pequeño acordonó su stand y sólo atendió a 60 compradores que encajaban con su público objetivo. Esto les permitió concentrarse en esos compradores exclusivamente.

Resumen

Asumámoslo: el marketing previo a una feria es importante. Lo triste es que muchas empresas le prestan poca atención. Muchas empresas que dicen utilizar un plan de marketing antes de la feria, no lo hacen; enviar unos formularios preparados por la organización de la feria no resulta efectivo. Dejar caer informalmente a los clientes que espera que «se pasen por el stand en algún momento» no es efectivo. Enviar una nota a sus representantes pidiéndoles con dos semanas de antelación que consigan llevar a los compradores al stand no es efectivo.

Las empresas que asumen verdaderamente que ellas son las responsables de los resultados de una feria, ponen en marcha un plan de marketing preliminar efectivo. Este compromiso asegura su éxito.

Déjeme que le explique una pequeña historia. Un bonito día de primavera, un pollo y un cerdo decidieron dar un paseo por su pueblo. Mientras pasaban por delante de un pequeño café, vieron un pequeño cartel en el escaparate.

Dos huevos - 0,65 dólares
Una loncha de jamón – 1,00 dólar

El pollo estaba indignado. Gritando y agitando las alas, el pollo se volvió hacia el cerdo y le reprochó: «¡No me lo puedo creer! ¡No me lo puedo creer! ¡Dos... DOS huevos valen sólo sesenta y cinco centavos de dólar y una simple loncha de jamón vale un dólar!»

El cerdo miró el cartel con tranquilidad, se volvió hacia el pollo y le dijo: «Yo veo el asunto de otra forma; ¡dos huevos son un servicio, pero una loncha de jamón es un compromiso total!»

El marketing previo bien planificado, bien diseñado y bien desarrollado exige una dedicación total. Pero, al final, se dará cuenta de que el esfuerzo y el tiempo invertido han valido la pena.

5

En la feria

La puesta a punto

Una buena planificación y un buen plan de marketing previos a la feria deben ir acompañados de un esfuerzo intachable durante la feria. Siempre aparecen problemas de última hora, pero hay muchas formas para hacerlos más llevaderos.

Anticipación

La feria se inaugura mañana; para ahorrar dinero ha decidido que su equipo llegue la noche anterior. ¡Pueden montarlo todo por la mañana temprano!

Aunque esta sea una costumbre muy extendida, representa un gran riesgo. Las ferias son situaciones muy estresantes. Se rumorea que la ley de Murphy se llama así por un antiguo encargado de un stand. Créame, si algo puede fallar, fallará. El stand no llega a tiempo. Los operarios que contrató no se presentan. Los productos desaparecen. El material impreso se ha perdido. La moqueta es de otro color. Hay otra empresa en el espacio que le habían adjudicado (esto me ha ocurrido a mí). Los vuelos llegan con retraso, o peor aún, son cancelados. La feria tiene pocas posibilidades de ir bien si usted, su equipo, y su material no llegan a tiempo. Si algunas de estas circunstancias se producen y no dispone de tiempo para solucionarlo, mala suerte. La feria seguirá adelante sin usted.

Por todo esto yo aconsejo llegar al lugar de la feria como mínimo dos días antes de la inauguración. Tenga el stand montado 24 horas antes de la apertura. Hay dos buenas razones para estos consejos. Primera: ¡el stand estará a punto! En definitiva, ¿no es esta la razón por la que asiste a la feria? Si lo monta el día antes, dispondrá de tiempo para solventar cuestiones de última hora, emergencias inesperadas. Segunda: le quedará tiempo de sobra para ocuparse de la preparación de su equipo.

Además, si necesita ayuda externa para montar su stand, asegúrese de coordinar la recepción del mismo con la disponibilidad de los operarios. Averigüe cuándo está previsto que llegue el stand y organice su montaje cuanto antes. Si se organiza con anticipación con los montadores se evitará posibles dolores de cabeza y tensiones. Lo mejor es organizar la entrega del stand y el montaje el primer día que disponga del espacio.

Esta planificación le permitirá garantizar que estará listo para la feria. Si tiene el stand listo con 24 horas de antelación, estará preparado para el carnaval que le espera. Las ferias son física y mentalmente agotadoras. Así que es mejor que descanse la noche antes de la inauguración. Se sentirá menos estresado y más despierto.

Solicite los servicios con anticipación

Aunque no le parezca bien tener que enviar el dinero con mucha anticipación simplemente para acceder a un descuento sobre el precio de esos servicios, hágalo de todas formas. Su principal preocupación debe ser hacer su trabajo bien y sin retrasos. Si espera a llegar a la feria para solicitar los servicios, será tarde. Perderá el tiempo en diferentes colas para solicitar los servicios que necesita. Y más tarde tendrá que esperar en su stand a que llegue aquello que necesita o ha alquilado. Con frecuencia espera..., espera..., y espera; a veces estas cosas llevan horas. ¿Está seguro que es necesario pasar por todo esto?

Otra ventaja de reservar con antelación es que las empresas que prestan esos servicios pueden organizarse con eficacia para cumplir con sus exigencias. Si ha hecho su solicitud con tiempo, lo más probable es que cuando llegue a la feria encuentre que ya dispone de electricidad, teléfono, moqueta y demás servicios. Esto disminuirá su estrés.

Otros consejos

Algunas normativas y regulaciones pueden afectar a su stand o a su actividad en la feria. Léalas con detenimiento y plantee cualquier problema que tenga a los organizadores. El dossier también contendrá los formularios para realizar la solicitud de servicios por anticipado. Por supuesto, si ha preparado el *Manual de Planificación de la Feria*, mencionado en el capítulo 3, esto ya lo habrá tenido en cuenta.

Recuerde que necesitará dinero. Quizás haya olvidado algo durante la preparación de la feria, quizá necesite contratar algún servicio de la feria, o comprar material en alguna tienda. Además, las propinas pueden no estar incluidas en los servicios recibidos. Es aconsejable estar preparado de todas formas.

La feria: dos posibilidades

¿Recuerda la primera vez que asistió a una feria importante, de nivel nacional, cuando entró en el pabellón antes de la inauguración? Probablemente le pareció un caos en medio de una jungla de cemento. Había gente por todas partes. Los operarios discutían sobre planos de stands. Los instaladores de líneas de teléfono colgaban de las vigas encima de usted. Las carretillas elevadoras corrían arriba y abajo con cajas, cartones y rollos de moqueta. Parecía imposible que la feria pudiera inaugurarse a la hora prevista.

Esto pasa siempre. Pero de alguna manera, milagrosamente, cuando llega el momento todo parece encajar. Las carretillas y los operarios desaparecen; aparecen moquetas en los pasillos; se encienden las luces y el pabellón resplandece. Casi como un milagro, la feria se inaugura a la hora prevista.

Lo que sucede es que todos los que tenían algo que ver en la preparación de la feria tenían su cometido específico. Cada operario, instalador, director de pabellón, y los organizadores desempeñan un papel importante en conseguir que la feria abra a tiempo.

Esta preparación también le incluye a usted. Tiene que asegurarse que todo está en su sitio cuando se abran las puertas: el stand montado, la rotulación y los logotipos, el producto expuesto, el personal listo, las cajas y cartones debidamente guardados, el stand limpio. Como recuerda el dicho popular: tiene dos formas de llegar, por el camino difícil o por el fácil.

El show de los horrores

Decide no enviar las cosas del stand con antelación y llevarlas en su propio coche porque vive apenas a unos 150 kilómetros del recinto ferial. No ha reservado ningún servicio de la feria, a pesar de que necesitará varios: electricidad, un teléfono, un rótulo para el stand, algunas sillas y mesas (forradas), una moqueta, la limpieza diaria del stand, una caja de seguridad, y una azafata para repartir folletos. La feria no abre hasta mediodía, así que piensa llegar con su coche esa mañana para prepararlo todo usted solo.

Llega a la feria a las ocho de la mañana, pensando que tiene tiempo de sobra. En primer lugar, necesita una carretilla para acarrear los elementos de su stand porque es demasiado grande y además tiene muchas muestras y folletos. Pero nadie le presta una carretilla ni un carrito; los operarios parece que los tienen ocupados permanentemente y no los dejan. Después de una frustrante hora buscando (ya son las nueve) e implorando («¡Por favor compañero, sólo la necesito durante diez minutos!»), finalmente desiste y se dirige al mostrador de servicios para pedir ayuda. Espera en una cola durante dieciocho minutos (9.18). Le dicen que espere allí, así que aguarda mientras comienza a ponerse nervioso. Pasan otros veinte minutos (9.40) hasta que encuentra a alguien con una carretilla. Le sigue hasta su coche y carga, con su ayuda, todo en la carretilla y lo lleva a su stand. Se mueve con bastante rapidez y sólo tarda treinta y ocho minutos (10.18).

Después de aparcar su coche, va al stand y se da cuenta de que no puede montar nada hasta que no coloquen la moqueta. Vuelve al mostrador y aguarda de nuevo en la cola. Esta vez necesita sólo once minutos para solicitar la moqueta y regresa al stand (10.29). Por fin se calma un poco de los nervios que ha pasado buscando un carrito. Piensa que todavía dispone de mucho tiempo antes de que empiece la feria. Para matar el tiempo, empieza a abrir algunas cajas con productos y folletos.

Pasan veinte minutos (10.49) y comienza a inquietarse porque la moqueta no llega. Pasan dieciséis minutos más (11.05) y empieza a pensar que probablemente debería haber contratado con antelación la electricidad, el teléfono, las sillas y las mesas, la azafata, la caja de seguridad y la limpieza del stand visto el tiempo que lleva que le traigan una simple moqueta. Por fin llega la moqueta, que colocan en un minuto (11.06). Empieza a desembalar para preparar el stand. Ha colocado la estructura cuando se da cuenta de que todavía le falta encargar el resto de servicios. Mira el reloj y ve que son las 11.23. Calcula que sólo le queda una hora y treinta y siete minutos y empieza a ponerse muy nervioso. Corre al mostrador de servicios. Cuando se aproxima ve que cada uno de ellos tiene un mostrador diferente: la electricidad, el teléfono, las sillas y mesas, la caja de seguridad, la limpieza. ¡Tiene que esperar en cada una de esas colas! Son las 11.26. Empieza a sudar. La primera cola (la electricidad) no es tan lenta, sólo nueve minutos (11.35). La segunda (teléfono) también es rápida; ocho minutos solamente (11.43). Pero se está poniendo cada vez más nervioso, y todavía le faltan cuatro mostradores. Hay por lo menos diez personas delante de usted en el mostrador de alquiler de mobiliario. La cola parece que no se mueve. ¡Pasan cinco minutos, diez, quince, veinte! Poco a poco la cola se hace más corta. Han pasado veinticinco minutos (12.08). Por fin le toca a usted. Hace su solicitud, pero está a punto de tropezar con un grave problema de pago. ¿Cómo podía saber que sólo aceptan pagos al contado? Por fortuna, tiene su tarjeta de crédito para realizar el pago. Y, por fortuna, se la aceptan.

Ahora sí que va muy mal de tiempo. Se da cuenta de que no tiene tiempo para solicitar los otros tres servicios (azafata, caja de seguridad y limpieza) para acabar de organizar y limpiar todo antes de la inauguración. Decide que no necesita contratar la limpieza, que la hará usted mismo. Suprime también la azafata, porque en definitiva sólo le hacía falta para repartir folletos. Y como nunca le han robado antes, decide que esconderá sus muestras en cajas, debajo de las mesas.

Ahora ya está al borde de un ataque de nervios. Vuelve corriendo a su stand donde le espera el supervisor del gremio de montadores. Le explica con educación la «regla no escrita de la media hora»: parece que a menos que sea capaz de montar su stand en menos de treinta minutos, debe contratar mano de obra autorizada. Le recuerda que empezó a montar el stand a las 11.06. Se pone pálido y empieza a rogar; esta vez le funciona. Después de hacerle prometer que nunca jamás montará o desmontará un stand sin la ayuda de mano de obra agremiada, le deja en paz con una advertencia. Ya son las 12.31.

Organiza el stand a toda velocidad y prepara la exposición de productos. Cuando llega la hora fatídica, la una de la tarde, usted todavía está ordenando folletos y colocando luces. Los pasillos empiezan a llenarse de compradores, pero al ver que todavía está poniendo a punto el stand le dejan en paz. Las sillas y mesas llegan a las 13.30. Los manteles para las mesas llegan a las 13.50. Todavía no ha limpiado ni se ha puesto la corbata.

A las 14.10 el stand parece estar listo. Ahora puede ir a los lavabos y vestirse de forma adecuada. Pero no dispone de una azafata; si deja el stand quedará desatendido. Así que pide a la persona del stand de al lado que se lo vigile. Por fin, a las 14.43 el stand tiene un aspecto aceptable y usted está preparado. Pero todo lo que ha sucedido en las últimas seis horas le ha dejado exhausto tanto física como mentalmente. Sólo tiene ganas de que sean las seis de la tarde y de que cierre la feria. Por desgracia, esa actitud se nota y dura toda la feria, que acaba siendo un fracaso.

¿Le parece ésta una forma de organizar una feria? Por supuesto que no. ¿Piensa que estas situaciones son una simple pesadilla inventada? Por desgracia, no. Le sorprendería saber cuántas veces a lo largo de los años he sido testigo de estas situaciones.

La feria ideal
Son las seis de la mañana de un miércoles y está preparando su maleta. La feria se inaugura a la una de la tarde del jueves. El recinto ferial está a sólo 150 kilómetros, así que piensa ir con su coche. No hay problema porque va con tiempo suficiente.

Antes de cargar su coche, repasa una vez más su *Manual de planificación de la Feria*. Todo ha funcionado bien y sin sobresaltos, dentro de los plazos previstos. Los elementos del stand fueron enviados con antelación y tiene la confirmación por parte del representante del transportista de que han llegado sin problema. Los productos a exponer y el resto del material también se enviaron por adelantado, así que todo está allí. Comprueba una vez más que tiene todo lo que necesita: el dossier de expositor, copias de las peticiones de servicios realizadas, y suficientes cheques de viaje para hacer frente a posibles emergencias. Todo está listo, así que carga el coche y a las nueve está en la carretera.

Llega al recinto de la feria hacia el mediodía. Después de aparcar el coche, va a su stand. La moqueta que había solicitado está puesta y todo lo que había enviado está allí. Las sillas y las mesas, la electricidad, la caja de seguridad y la conexión telefónica también están allí. Dispone de mucho tiempo antes de que lleguen los operarios que ha solicitado para el montaje del stand, previsto para las 2.00, así que se dirige a los mostradores de la feria para confirmar la contratación de una azafata y del servicio de limpieza.

Como ha llegado con tanta antelación no hay gente esperando y en media hora ha confirmado los servicios. Con el listado de cosas pendientes, averigua dónde se encuentran los bares y cafeterías, los lavabos, los servicios de asistencia sanitaria, la oficina de seguridad, las alarmas de incendios y las cabinas telefónicas. Después de comprobar estos detalles, va a la oficina de la feria para recoger su identificación como expositor y su guía. De vuelta hacia el stand se detiene para presentarse ante el responsable de la feria.

Ahora son ya las 2.00, la hora programada para montar el stand. Los operarios y el supervisor llegan puntuales. Sabía que eran serios porque los había contratado a través de una empresa especializada. Se ponen manos a la obra, mientras usted desembala los productos para la exposición. Le lleva toda la tarde conseguir que el stand esté listo tal como usted lo quiere, pero a las cinco todo está organizado.

Después de guardar sus productos en la caja de seguridad, se va a su hotel. Pasa el resto de la tarde relajado y disfruta tranquilamente de su cena sabiendo que todo está listo para la mañana siguiente.

Llega la mañana. Como la feria no abre hasta la 1.00, tiene tiempo de hacer algunas llamadas telefónicas y de verse con uno de sus clientes de esa zona. Llega a la feria a las 11.00 para organizar los productos de la exposición y guardar la caja de seguridad detrás del stand. Después de la limpieza de la noche anterior, el stand está reluciente.

A las 12.15 llega la azafata y le explica sus responsabilidades. ¡Para las 12.45 todo está listo! A la 1.00 se inaugura la feria y consigue atraer a los primeros compradores que identifica como clientes potenciales. La feria es un éxito sin precedentes.

¿Le parece un sueño imposible? No lo es. ¿Puede ir todo de una forma tan tranquila durante la instalación y el montaje? La respuesta es un rotundo sí. Si sigue los sencillos pasos que le he explicado para planificar todo con antelación, seguro que estará listo cuando empiece la feria.

La presentación de los productos

Existen tres elementos que influyen definitivamente en el éxito de una feria. Los tres tienen la misma importancia. El primero es el stand. El segundo es el equipo que lo atiende. Y el tercero es el producto o servicio que vende. (A partir de ahora cuando me refiera a *producto*, quiero decir producto o servicio.)

Aquí no importa para qué sirve o qué es su producto. Pero hay cuatro aspectos relacionados con él que son imprescindibles para el éxito en la feria. Y está en sus manos controlar los cuatro.

Conocimiento del producto

Esto puede parecer la primera lección del curso básico de negocios, pero me sorprende, a mí y a muchos compradores con los que he hablado, lo poco que sabe la gente acerca del producto que está vendiendo. De hecho, el 70 % de los compradores encuestados afirmó que la queja más importante que tenía en relación con el personal de los stands era la falta de conocimiento sobre el producto.[13]

Para ilustrar la importancia del conocimiento del producto, le explicaré una anécdota sucedida a una gran empresa, una multinacional. Cada año solía reunir a sus vendedores más destacados de todo el mundo y organizaba unos días de descanso y relax como compensación a su esfuerzo. El invitado de honor era el responsable del producto más relevante del año y recibía un homenaje especial durante el banquete de la última noche en el que daba un pequeño discurso.

Cuando llegaba la hora del discurso, todos sacaban sus bolígrafos y papel para apuntar las perlas de sabiduría que ofrecería ese «gran espada». Nadie quería perderse ni una coma.

Según cuentan, un año, el homenajeado, después de las presentaciones se levantó lentamente y se dirigió al estrado en medio de una gran ovación. Colocó las manos en el atril y se quedó mirando a la audiencia. Sus ojos exploraron a los que le rodeaban. Permaneció mudo mientras la gente se sentaba. Mientras la gente guardaba silencio, él continuaba mirando a su alrededor. Por fin, después de varios segundos de incómodo silencio, empezó su discurso. Dijo: «Reto a cualquiera en la sala a que me formule una pregunta sobre nuestros productos que yo no sepa contestar». Así dio por terminado su discurso, volvió a su sitio y se sentó.

Conozca su producto. Compensa.

13. Encuesta informal realizada por mí con más de 5.000 compradores desde 1985.

La demostración del producto

Si se puede hacer una demostración con su producto esté preparado para llevarla a cabo. Sus clientes potenciales entenderán y valorarán mejor su producto si les enseña cómo funciona. Con demasiada frecuencia el personal de un stand no sabe ni cómo funcionan los productos que se exponen. Es casi seguro que un comprador se sentirá defraudado ante una situación así. Después de todo, si usted no puede hacer una demostración de su producto, ¿cómo espera que lo hagan ellos?

La clave para una buena demostración se resume en tres palabras: práctica, práctica y práctica. Cuanto más practique con un producto, mejor preparado estará para hacer una demostración en una feria. Cuanto mejor conozca sus diferentes características y cómo funcionan, más posibilidades tiene de demostrar a un cliente potencial que su producto es el adecuado para él.

El peor momento para aprender es la mañana del primer día de feria. Existe mucha actividad a su alrededor, y sinceramente es demasiado tarde. Aprenda a hacer una demostración antes de salir para la feria. Además, si es el responsable del stand, compruebe que todo su equipo también es capaz de hacerlo. Organice una sesión de formación el día antes de la inauguración para repasar el funcionamiento de los productos y las técnicas de venta. Un punto crítico a la hora de hacer demostraciones es el producto en sí. ¡Asegúrese de que funciona! Una demostración con un producto que no funciona o que funciona peor de lo esperado es una prueba definitiva de falta de profesionalidad. El comprador potencial no quedará impresionado.

Cada mañana antes de abrir el stand, haga una prueba del producto. No lo encienda simplemente para comprobar si funcionan las luces; repase todos los puntos de una demostración normal. Entonces, si algo no funciona, lo puede arreglar antes de que la feria abra. Hay veces que las cosas no van bien. Es un hecho que los productos, no importa la vida que tengan, se estropean. Como medida de precaución, cuente con una unidad de repuesto. De esta forma, si algo no va bien, tiene un repuesto.

Compare sus productos con los de su competencia

Como he dicho antes, las ferias son como centros comerciales; los visitantes pueden comparar entre las diferentes empresas. Si hace una comparación concreta entre su producto y el de la competencia, su cliente puede ir directamente a comprobar la veracidad de su afirmación. Por lo tanto, resulta vital que sepa cómo se comportan sus productos en relación con los de la competencia. ¿Qué novedades presentan? ¿Cuál es su estructura de precios? ¿En qué condiciones realizan sus acuerdos comerciales? ¿Con qué rapidez sirven sus pedidos? ¿Qué ventajas ofrece su producto respecto al suyo? ¿De qué forma puede contrarrestar esas limitaciones?

Como dice Sun Tzu en su libro *El arte de la guerra*:

> Si te conoces a ti mismo y a tu enemigo, no debes temer el resultado de cien batallas. Si te conoces a ti pero no a tu enemigo, por cada victoria que obtengas también sufrirás una derrota. Si no te conoces ni a ti ni a tu enemigo, sucumbirás en cada batalla.

Este libro tiene más de 2.500 años y lo escribió un estratega militar. Pero sus palabras siguen siendo importantes para el campo de batalla de los negocios.

El entusiasmo por el producto

El entusiasmo por su producto puede parecer cursi, pero es vital. El entusiasmo y la ilusión atraen la atención. He visto vendedores en ferias que parecían aburridos o incluso avergonzados de sus productos delante de sus visitantes. ¿Por qué están en la feria? ¿Por qué trabajan para esa empresa? ¿Si no siente el mínimo entusiasmo por sus productos, cómo espera que los demás lo sientan?

La formación permanente

Una experiencia personal

Hace unos años trabajaba como representante de la división de vídeo de Technicolor. Tenía unos veinte años y era el más joven e inexperto de un equipo de unos treinta vendedores. Un mes de enero nos estábamos preparando para la Feria de Invierno de la Electrónica de Consumo en Las Vegas. El día antes de la inauguración de la feria, Technicolor convocó una reunión con todo el equipo. El objetivo de la reunión era formarnos sobre los nuevos productos que se expondrían en la feria y motivarnos para la venta. El vicepresidente de Ventas hizo una presentación muy precisa, explicando las características y prestaciones de toda la línea de productos. Sentados como si estuviéramos en un aula, todos escuchamos la presentación. Unos pocos tomamos notas. La mayoría no apuntó nada.

Después de esta charla, el presidente de la compañía presentó a un orador que hizo un discurso para motivarnos. Nos explicó que la profesión de vendedor era muy estimulante, cómo podíamos relacionarnos con nuestros clientes, cómo nuestras oportunidades de éxito eran ilimitadas. Por supuesto, no funcionó. A pesar de que Technicolor disponía de una de las líneas de productos más innovadoras del sector, la feria fue un desastre. Se realizaron muy pocos pedidos, y peor aún, se hicieron muy pocos contactos comerciales sustanciales a pesar de que pasaron miles de personas por el stand.

La mayor parte de esos pocos pedidos los hice yo. Y eso a pesar de que yo no era precisamente el vendedor perfecto. No tenía todavía ninguna habilidad especial para vender. De hecho, no hacía ni cinco años que otro director de ventas me había recomendado que dejara la profesión de vendedor porque carecía de la capacidad necesaria. No tenía una zona de ventas asignada especialmente grande. De hecho, mi territorio no era geográfico. Se llamaba «mercados especiales» (venta por correo, y promociones e incentivos). Estos canales requieren mucho tiempo para cerrar los pedidos. Y yo no era un vendedor particularmente agresivo. De hecho, en aquel momento de mi carrera no estaba seguro de si quería ser vendedor. Me sentía intimidado.

Pero el hecho es que tuve éxito en esa feria, mucho más que cualquiera de los otros vendedores de Technicolor. ¿Por qué? Después de todo, yo había asistido a la llamada sesión formativa igual que el resto del equipo. ¿Qué es lo que yo sabía que los demás desconocían? ¿Era simplemente suerte o tenía algún conocimiento especial?

En cierta forma, sí tenía esos conocimientos especiales. En primer lugar, yo había escuchado la historia del vendedor del año y su profundo conocimiento de su producto. Y fuera verdad o no, me había impresionado. En las semanas previas a la feria aprendí todo lo que pude sobre los productos de Technicolor, y estudié todo el material a mi alcance. Hice todas las preguntas que se me ocurrieron a los ingenieros. Aprendí cómo funcionaban todos los productos, hasta que fui capaz de hacer demostraciones tan bien como las personas que los habían diseñado. Profundicé todo lo que pude en las ventajas de nuestros productos sobre los de la competencia. En resumen, conocía a la perfección nuestros productos. Estaba preparado para contestar casi cualquier pregunta que me hiciera un cliente.

Además, tenía la ventaja de contar con un profesor particular: mi padre. Él había participado en todas las ferias de la Electrónica de Consumo desde su creación y había aprendido a sacarles el máximo partido. Me enseñó cómo vestirme, cómo mantener una postura correcta, cómo transmitir una imagen positiva, cómo acercarme a los visitantes y cómo identificar a los clientes.

Con todo este conocimiento y esta formación, no era de extrañar que yo fuera el más entusiasta de todos los vendedores presentes en el stand. Conocía la línea de productos de Technicolor. Estaba preparado para recibir a los visitantes. Ayudaba a otros vendedores con sus dudas y demostraciones. Mi entusiasmo se contagiaba a los clientes, y por eso mismo, tuve mucho éxito en esa feria.

La moraleja de esta experiencia no son mis resultados personales. De hecho, la división de vídeo de Technicolor desapareció poco después. El punto clave aquí es que una formación y una preparación adecuadas son fundamentales para el éxito en una feria. Muchas empresas organizan reuniones antes de las ferias, y algunas hasta incluyen algún tipo de formación. Pero una formación *adecuada* marca la diferencia.

Como ya he señalado, las ferias son muy exigentes. No se puede limitar a preparar su stand, exponer sus productos, colocar el logotipo de la empresa y sentarse a esperar a que lleguen los clientes. No ocurrirá. Asegúrese de que su equipo es consciente de la importancia de conocer la línea de productos. La formación sobre los detalles de sus productos o servicios antes de una feria es imprescindible. No espere a que sea demasiado tarde; hágalo antes de que todos lleguen a la feria. Organice una sesión práctica de un día entero en sus oficinas. Permita que conozcan a sus ingenieros y diseñadores. Cuanto más aprendan mediante una formación práctica, experimental y participativa, más recordarán.

Propuestas para la formación previa a la feria
Si no resulta posible trasladar a su equipo a sus oficinas, envíeles toda la información disponible. Por supuesto, todos sabemos lo difícil que resulta conseguir que la gente aprenda por su cuenta, así que le propongo una serie de ideas que pueden ayudar.

Cintas de casete. Grabe cintas con información sobre los productos. Los miembros de su equipo pueden escucharlas mientras viajan. De todas formas, mucha gente aprende mejor escuchando que leyendo. Sirve también para llamar su atención.

Boletines. Un boletín mensual sobre los productos es una manera creativa de enviar información. Debe estar escrito con un estilo periodístico, fácil de leer y con titulares llamativos.

Incentivos. Cree un programa para incentivar la formación. Envíe la información junto con un cuestionario. Los que contesten correctamente a las preguntas recibirán un premio.

Concursos. Organice su propio concurso del «Cliente misterioso» para la próxima feria. Explíqueles a todos que varios visitantes encubiertos pasarán y evaluarán a cada vendedor en función de su presentación. Al final de la feria el que se considere que haya hecho la mejor demostración recibirá un premio importante.

Independientemente de estas propuestas, es importante mantener una reunión antes de la feria por dos razones. En primer lugar, para explicar claramente a todos los objetivos que la empresa ha definido para esa feria y el papel de cada elemento del equipo a la hora de alcanzarlos. En segundo lugar, para prepararles para conseguir esos objetivos. El punto primero debería estar establecido antes de la feria; ahora debe definir las responsabilidades de cada uno. Veamos un ejemplo de cómo puede organizarse esto:

Su compañía tiene previsto exponer en la Convención del Sector del Supermercado en Chicago de este año. La feria estará abierta un total de diecinueve horas a lo largo de tres días. Después de un concienzudo análisis (con la ayuda de la fórmula del capítulo 1) ha decidido alquilar un espacio de 3 × 6 metros, un total de 18 metros cuadrados. Sabe que el stand ocupará aproximadamente 5,5 metros cuadrados, por lo que realmente dispone de 12,5 metros cuadrados. Sabiendo que necesita unos 4,5 metros cuadrados por persona, decide contar con tres vendedores (12,5/4,5 = 2,8 personas; redondee a 3). Con tres personas disponibles todo el tiempo, y con un promedio de 6 contactos por hora, consigue 18 contactos por hora. Multiplicando el número total de contactos por hora por el número total de horas, puede determinar su objetivo para la feria:

18 contactos / hora × 19 horas = 342 contactos.

Por supuesto sabe que para contar con un equipo eficiente, necesita tener dos turnos de vendedores. Eso significa que necesitará seis vendedores, cada uno de ellos trabajará un total de 9,5 horas en la feria. Dividiendo el número previsto de contactos entre los seis vendedores, determinará sus objetivos individuales:

342 contactos dividido entre 6 = 57 contactos cada uno.

Puede comunicar a sus vendedores que el objetivo de cada uno de ellos es conseguir 57 contactos en la feria.

Nota: Recuerde que esta es sólo una fórmula para determinar objetivos cuantitativos. Este sistema sólo contempla contactos. No implica necesariamente contactos con clientes potenciales.

Calculando los objetivos de esta forma, dispone de un sistema para medir los avances cada día.

Nota: No se limite a convocar una reunión antes de la feria. Organice un breve encuentro cada día cuando la feria cierre. De esta forma podrá comprobar la marcha de cada uno en relación con sus objetivos. Además, podrá compartir cualquier información nueva que sea de interés para el día siguiente; por ejemplo, nuevas tendencias relevantes, novedades del sector, información sobre la competencia, etc.

Si realmente quiere seguirlo todo de cerca, celebre una pequeña reunión cada vez que cambie el turno. Repase los contactos realizados y ensalce la labor de los mejores.

Factores del éxito en una feria

Una vez que ha establecido con claridad los objetivos que espera de cada uno, puede dedicarse a la segunda parte de la reunión: cómo conseguir esos objetivos. Aunque entraremos con más detalle en el tema de la gestión del stand en el capítulo 6, hay una serie de factores que se deben tener en cuenta.

Una feria no son unas vacaciones. En el Estudio Simmons del Trade Show Bureau (Center for Exhibition Industry Research) de 1992, se preguntó a los asistentes sus razones para asistir a una feria.[14] Las justificaciones más destacadas fueron:

- 77% buscaba información sobre los últimos estilos y tendencias de su sector
- 73% buscaba información sobre los últimos avances tecnológicos en su sector
- 72% buscaba información sobre dónde comprar o solicitar un producto

14.   «The Power of Trade Shows», Simmons Study, 1992 Trade Show Bureau

- 61% buscaba información sobre productos o servicios de compañías de todo Estados Unidos
- 51% buscaba información para poder evaluar determinados productos o servicios

Nadie en ese estudio señaló «unas vacaciones» como la razón para asistir a una feria. Por desgracia, muchos vendedores ven las ferias como si lo fueran. A pesar de que hace 20 años había una actitud más relajada, las ferias de hoy en día son un campo tremendamente competitivo.

En las sesiones de formación, la gente me pregunta con frecuencia cuántas horas se dedican a una feria. Mi respuesta es simple. Cuando te despiertas ya estás trabajando. El hecho de que la feria abra de 9:00 a 18:00 no quiere decir que esté activo exclusivamente durante ese horario. Reúnase con sus clientes para desayunar antes de que abra la feria; es una buena manera de empezar el día. Mi opinión es que usted y su equipo se deberían abstener de todo tipo de bebidas alcohólicas durante esos días. El alcohol reduce los reflejos y abotarga la mente a la hora de tomar decisiones racionales e inteligentes. Todos hemos escuchado historias de juergas y fiestas durante ferias. Por desgracia he visto más situaciones de este tipo que terminaron por dañar posibles ventas o relaciones con clientes que las que contribuyeron a mejorar esas relaciones. Quizá hace veinte o treinta años la bebida y la venta iban de la mano, pero ya no. Los compradores y la competencia son demasiado sofisticados para eso. No se arriesgue.

Seguro que le gustaría disponer de más de los estrictos diez minutos previstos en la feria para dedicárselos a determinada gente. ¡Los compradores están allí para trabajar durante toda la feria, así que aprovéchese de ellos! Existe otra consideración que debe tener en cuenta: si sus clientes no han quedado con usted para desayunar o comer; dé por seguro que están con alguien. ¿Su competencia, quizá?

¡La feria no es un juego! En una ocasión gané un concurso de ventas en mi empresa. El primer premio era un viaje con todos los gastos pagados a Frankfurt, en Alemania, coincidiendo con la celebración de la Frankfurt Messe, la feria de productos de gran consumo. Nuestra empresa exponía cada año allí, y los jerifaltes pensaron que podía ser una manera de recompensar al mejor vendedor.

Volé en clase turista en un avión atestado de Los Ángeles a Nueva York y más tarde a Frankfurt. Me costó casi dieciocho horas llegar, y eran las ocho de la mañana cuando aterricé en Frankfurt. Después de registrarme en el hotel, tenía que ayudar a montar nuestro stand, lo que nos llevó todo el día. No logré conciliar el sueño en toda la noche debido al cambio de horario. A la mañana siguiente se inauguraba la feria, que estaba abierta durante seis días, diez horas al día. Un gran incentivo.

Le aseguro que el año siguiente no gané el premio. No piense que está incentivando a su equipo si le ofrece una feria como premio.

¡Limpie su stand! Una de las decepciones más grandes que puede recibir un visitante es un stand sucio. Asegúrese de que todo el mundo se responsabiliza de mantenerlo limpio. Vacíe las papeleras y los ceniceros, aunque haya que hacerlo cada cinco minutos. Un stand limpio es una prueba de que la empresa se preocupa de su apariencia; es también una señal de profesionalidad.

¡Marque sus objetivos! Ya lo he repetido, pero no viene mal recordarlo. Es necesario que los directivos conozcan los objetivos, pero no servirá de nada si los responsables del stand los ignoran. Asegúrese de que ha dejado claro lo que se espera de cada individuo. Establezca unos objetivos individuales bien definidos y cuantificables. Haga que cada uno se marque también sus propios objetivos.

¡Diferénciese! Yo solía ser partidario de vestirse un poco mejor que el resto de la gente en una feria, pero ya no pienso así. Entre cientos, quizá miles de expositores, está obligado a aprovechar cualquier oportunidad para diferenciarse de la masa. Y esto incluye la forma de vestirse. Si todos llevan traje y corbata, yo espero que mi personal se vista informalmente. Si todo el mundo lleva ropa informal, entonces nosotros llevaremos traje y corbata.

Existen muchas razones para hacerlo así. En primer lugar, se diferenciará. ¿Cómo puede la gente diferenciar a su equipo del resto de expositores si todos van vestidos iguales? En segundo lugar, ayuda a dar una «imagen» a su stand, y es una forma de crear un sentimiento de equipo. Y, en tercer lugar, su personal no podrá camuflarse ni esconderse entre los demás.

Si existe una excepción a esta regla, son los zapatos. Estar todo el día en pie, durante varios días seguidos, resulta extenuante . Use zapatos cómodos, con suela blanda. O si no, coloque unas plantillas Dr. Scholl en sus zapatos, notará la diferencia. En todo caso, evite estrenar zapatos, esperando que se adapten a sus pies. ¡Lamentará haberlo hecho!

¡No tire el material impreso! Desde mi punto de vista, los folletos son la vaca sagrada más grande y gorda de las ferias. Todo el mundo parece tener razones fundamentadas y lógicas para repartir folletos. Pero ¿dónde empezó esta costumbre? Por el primer tipo que vio repartir folletos en su primera feria, allí empezó todo.

Cuando entrega un folleto a alguien, ¿dónde acaba? En una bolsa, ¿verdad? ¿Qué más contiene esa bolsa? ¡Los folletos de todos los demás! ¿Significa esto que se está diferenciando del resto o que se está mezclando con la masa?

La realidad es que la mayoría de los folletos que se reparten en una feria no llegan a pasar de la puerta del pabellón. Por añadidura, muchos de ellos acaban en las manos de la competencia. No sé usted, pero a mí gusta controlar muy bien quién recibe información sobre mí.

Mírelo desde este punto de vista. Hay tres cosas que un cliente puede hacer con el folleto que le dio:

1. Tirarlo al alejarse de su stand. Esto sucede con frecuencia. De hecho, podría recuperar sus folletos sacándolos de la papelera situada a la vuelta de la esquina.
2. Ponerlos en una bolsa de plástico y llevárselos al hotel. Allí él o ella pasará la noche revisando la pila de folletos y separando aquellos que se llevará en el avión (¿no esperará que se los lleve todos, verdad?). No confíe en que un cliente le dedique mucho tiempo al material que ha recibido, quizá entre tres y cinco segundos por folleto.
3. Introducirlo en su maletín y llevárselo a la oficina, que es lo que usted deseaba.

De estas tres alternativas, la tercera es la menos probable. Cuando se encuentre con un cliente, dígale que le enviará el material después de la feria. Estará encantado porque así no se tiene que preocupar de nada. Le dará una imagen de profesionalidad, y se ahorrará un montón de dinero. Asegúrese de que el material se envía. (Más sobre este tema en el capítulo 8.)

¡Aproveche el momento! Los estudios demuestran que tiene unos dos o tres segundos para atraer la atención de un cliente potencial por cada metro lineal de espacio. Asegúrese de que su equipo está preparado para el momento en el que el visitante muestre cierto interés. No es el momento para la timidez, las dudas o la inexperiencia.

¡Novatos no! Seguro que no desea tener un vendedor novato y sin experiencia para atender a un cliente importantísimo. Por la misma razón, debe evitar tener representantes novatos en su stand. Cuando un cliente importante entre en su stand, lo que quiere es que lo reciba su mejor vendedor.

Además, las ferias no son un lugar para formar vendedores. El ambiente es ruidoso, masificado, imponente y muy tenso. Por ningún concepto es el mejor para formar a alguien. Si está obligado a formar a su personal durante una feria, le recomiendo que elija una de tipo regional en la que los eventuales daños son limitados. Descarte del todo contar con novatos en la feria más importante del año. Y, como siempre, si espera a formar a su equipo cuando la feria ya esté abierta, es demasiado tarde.

6

La preparación del equipo

La atención en el stand

Ahora ya sabe que la feria no es el lugar adecuado para formar a su equipo. Estaría poniendo en peligro la inversión que la empresa realiza en la feria si cuenta con representantes novatos. El equipo que atiende el stand debe estar preparado para la acción y atento a todas las oportunidades que surjan para alcanzar sus objetivos.

Existen tantas diferencias como similitudes entre una venta realizada sobre el terreno y una hecha en una feria. Compradores procedentes de todo el mundo (o al menos de toda la región) vendrán a la feria para buscar respuestas a sus problemas, conocer nuevos productos y profundizar sus conocimientos acerca de su sector. ¡Qué gran oportunidad! En lugar de tener que visitarlos usted, son ellos los que vienen a verle. Eso representa una gran ventaja.

Sobre el terreno, usted está en su territorio. En una feria, ellos están en el suyo. Todo esto tiene que ver con el juego de poder del que nadie se libra. Cuando va a entrevistarse con un cliente o un comprador potencial, es él el que tiene el control. Se pueden producir un gran número de distracciones: llamadas telefónicas, visitas inesperadas, una secretaria que trae un mensaje, café, o el correo. A pesar de que una feria también genera distracciones, los compradores están fuera de su propio territorio. Esas distracciones no proceden de su empresa; de hecho puede diseñar un stand en el que las únicas distracciones que se produzcan sean intencionadas. Usted controla el ambiente; usted puede crear la atmósfera que desea. Usted ostenta el poder.

Sobre el terreno no siempre resulta posible realizar demostraciones; una feria resulta ideal para hacerlas. No es fácil por ejemplo, que una excavadora entre en la oficina de un cliente potencial. Puede mostrar un gran número de magníficas fotos a todo color, acompañadas de unas cuantas docenas de certificados, pero no hay nada como una feria para realizar una demostración. El comprador se puede incluso subir a la excavadora. Tiene la posibilidad de organizar una demostración real: lleva unas pocas toneladas de tierra y deja que el cliente la desplace.

Si quiere ir más lejos, podría preparar una presentación multimedia para reforzar la exposición de sus productos que impresionará a los compradores. Eso resulta difícil de conseguir en el reducido espacio de una oficina.

En una feria tiene la posibilidad de conocer a más compradores en potencia en una hora que durante toda una semana en el terreno. No tiene necesidad de buscar una dirección que no existe. No hay que esperar en una sala impersonal junto a una docena de representantes de otras empresas. Los compradores vienen a verle a usted, y además vienen en masa. ¡Tan pronto ha terminado con un cliente le llega otro! Puede recibir a 6, 10 o incluso 15 compradores en una hora, dependiendo del tipo de producto y de su mercado. ¡Eso es una mina!

En una feria, los clientes están de ánimo más relajado y predispuestos para comprar. Están lejos de las distracciones del despacho; quizá sea un agradable paréntesis para ellos. Todos tenemos diferentes obligaciones en nuestras oficinas; los compradores no son una excepción. Simplemente no pasan el cien por cien de su tiempo comprando. Se encuentran allí por unas razones muy concretas (resolver problemas, conocer nuevas tecnologías, visitar proveedores), Sus cabezas están en la feria, no en sus oficinas.

En una feria se ve obligado a hacer muchas llamadas a puerta fría. Para muchos de nosotros realizar ese tipo de llamadas es duro, y precisamente por eso pasamos mucho tiempo en el terreno con gente que conocemos de antes. Dedicamos muy poco tiempo a los contactos cara a cara con desconocidos. En una feria el contacto con extraños es lo normal. Es una situación dura para muchos, pero resulta necesaria si queremos que el negocio crezca.

No resulta extraño sobre el terreno que pasemos mucho tiempo con clientes potenciales, en ocasiones varias horas. Por desgracia no dispone de ese lujo en una feria. Tiene un número limitado de minutos y debe intentar ver al máximo número de personas en ese tiempo. Muchas veces estará unos diez minutos con un comprador, incluso mucho menos.

El coste de cerrar un trato en el terreno es cuatro veces superior al coste en una feria. Cada vez que un representante industrial contacta a un cliente, esto le cuesta a su empresa 229,7 dólares, según un estudio de costes de 1985 realizado por McGraw-Hill Laboratory of Advertising Performance. Este mismo estudio llegó a la conclusión de que el número de entrevistas telefónicas necesarias para cerrar una venta era 5,5, lo que representa un total de 1.263,35 dólares.[15] Compare estas conclusiones con los datos del Trade Show Bureau's (Center for Exhibition Industry Research) Research Reports números 18 y 2.020. Cada vez que un vendedor establece un contacto con un cliente potencial en una feria, el coste es de 106,89 dólares. Además, el promedio de llamadas necesarias para cerrar el pedido es de 0,8, con un 54% de operaciones que se cierran

15. McGraw-Hill Laboratory of Advertising Performance (1985). La fuente directa es «Trade Show Research Report N.º 2.020», julio 1986.

sin la necesidad de realizar una nueva llamada personal.[16] Incluso con esa llamada de seguimiento, el coste total de la venta es de 290,65 dólares, ¡menos de un cuarto del coste de una venta sobre el terreno!

Por supuesto, existen muchas otras diferencias, pero éstas le pueden dar una idea sobre los contrastes entre estos dos tipos de venta. Téngalos en cuenta; tanto usted como su equipo de vendedores deben aprender a sacar partido de una feria.

El concepto S.I.I.S.

¿Qué ocurre entre los 5 y 10 minutos que dura la entrevista entre un visitante y un representante? ¿Cómo se puede preparar un vendedor para sacar el máximo partido de esta breve entrevista? El primer paso es analizar el proceso y sacar conclusiones de lo que sucede en realidad.

Al igual que en cualquier otra situación social o de negocios, es necesario primero que se produzca una presentación. En una feria este paso puede ser una simple conversación con el visitante. Una vez que ha arrancado la conversación es importante avanzar rápidamente hacia la fase de identificación / presentación: ¿Con quién está hablando? ¿Qué necesita? ¿Cómo satisfacer esas necesidades? Una vez que ha cubierto estas fases y el interlocutor reconoce la posibilidad de trabajar con usted, avance hacia el paso final: el cierre. Cerrar significa determinar la acción siguiente en función del objetivo de la feria. Por ejemplo, si el objetivo es conseguir contactos para un seguimiento posterior, entonces su cierre consistirá en que su interlocutor acepte recibir una llamada personal después de la feria.

16. Trade Show Bureau Research Report, números 18 (abril 1983) y 2.020 (julio 1986).

Para estudiar cada fase de una entrevista en una feria, he desarrollado el concepto S.I.I.I.S.: Seducir, Identificar, Introducir, Informar, Seguir. Analicemos cada uno de los pasos.

Seducir

A lo largo de los años, se ha desarrollado la impresión general de que el personal de los stands suele ser agresivo con los visitantes. Sin embargo, de acuerdo con mis propias encuestas, esa es la excepción, no la regla. ¡La queja más importante que suelen hacer los visitantes es que el personal les suele ignorar! Increíble pero cierto.

De hecho, la explicación es muy sencilla. El momento más delicado en una feria es cuando una persona del stand tiene que dirigirse a un extraño. Una vez que han conseguido entablar una conversación se encuentran mejor. Pero acercarse a alguien y comenzar una conversación es duro. Estamos en un territorio inhóspito. Tenemos miedo de ser rechazados. Y, por supuesto, muy pocos han recibido una preparación para trabajar en este territorio hostil.

Los visitantes también se encuentran fuera de su territorio. Saben que son la presa, y que el personal del stand son los cazadores. ¿Recuerda cuando era niño y jugaba a «corre que te pillo»? Mientras nos mantuviéramos dentro del territorio seguro, al que le tocaba pillar no podía hacer nada. Los visitantes en una feria también tienen su territorio. Son los pasillos. ¿Se ha fijado alguna vez en un visitante mientras camina por un pasillo? Van justo por el medio del pasillo, lo más lejos posible de los expositores. Mientras van por el pasillo se sienten fuera del acecho del personal de los stands, con libertad para estudiarlos sin que nadie les moleste.

Así que tanto los visitantes como el personal tienen miedo los unos de los otros. ¿Y ahora qué hacemos?

Como ya he dicho, las ferias son incómodas para todos. Nos encontramos en un ambiente ruidoso, raro y rodeados de gente que no conocemos. ¡Puede llegar a dar miedo! Como personal a cargo de un stand, lo que debemos hacer es conseguir que el visitante se encuentre cómodo con nosotros. No debemos parecer una amenaza para él.

Los visitantes suelen caminar con lo que yo denomino *el paso y la mirada de feria*. Recorren los pasillos con la vista puesta en una de dos alturas posibles. Miran los productos expuestos a la altura de la cintura o los rótulos dispuestos a unos 2,4 metros de altura. Dicho de otra forma, ¡no te están mirando a ti! De hecho, harán todo lo posible para no mirar a un vendedor a los ojos. Por lo tanto, nuestro primer objetivo debe ser sacar al visitante de ese paso y esa perspectiva hipnótica. En la mayoría de los casos, el diseño del stand y la presentación de los productos se encargarán de atraer al visitante. El objetivo de un stand es precisamente hacer que el visitante se detenga; llega entonces el turno del vendedor para conquistar su atención.

El visitante es una persona y quiere que le traten como tal. El primer paso de una entrevista en una feria es conseguir que el comprador se encuentre cómodo. Por lo tanto, las primeras palabras no deben ser para vender; deben servir para romper el hielo y para poner de manifiesto que sabe que él o ella es un ser humano.

El nombre que aparece en su acreditación puede servirle como introducción, algo así como:

- «Hola, veo que vienes de Tucson. Yo fui a la universidad allí. ¿Sigue abierto tal sitio?»
- «¿Cómo te va la feria?»
- «Hola, veo que trabajas para tal empresa. ¿Conoces a Marv y Sherwin?»
- «¿Oye, estás tan cansado como yo?»

- «He visto que mirabas nuestro stand. ¿Has encontrado algo que te llamara la atención?»

Este tipo de entrada sirve para detener el paso del visitante y empezar una conversación. Debe ser lo más natural que pueda; que no parezca forzado. Dicho de otra manera, no utilice la misma introducción con todos los visitantes, porque si no parecerá un disco rayado. Aquí tiene cuatro consejos para empezar una conversación.

1. Debe ser capaz de dejar de lado las preocupaciones del visitantes. Él o ella pueden estar pensando que la feria es demasiado grande, o que no debería encontrarse fuera del despacho. Puede estar distraído repasando mentalmente las citas pendientes o recordando compras pendientes. Su entrada debe obviar esas preocupaciones y conseguir atraer su atención hacia usted.
2. Debe centrarse en la persona. Una vez más, el objetivo es hacer que el visitante se sienta como una persona importante. Si le pide su opinión o hace un comentario positivo sobre él o ella, conseguirá que se sienta bien.
3. Debe crear un lazo entre el visitante y usted. Su visitante está recibiendo un auténtico bombardeo con mensajes de «cómprame» en la feria. Una conversación que no sea agresiva hace que el visitante se encuentre cómodo con usted, y crea un lazo entre ustedes.
4. Debe permitirles a los dos jugar un poco. En una feria todos estamos en guardia, especialmente los compradores que se sienten permanentemente acosados. Una buena entrada ofrece al visitante un pequeño respiro en esa marea sensorial en la que se encuentra. Haga una broma sobre la feria, los expositores, los demás visitantes o la vida en general.

De vez en cuando aparece algún comprador que está bien dispuesto desde el principio. Entra en su stand como si trabajara allí. Se dirige directamente hacia los productos que le interesan y los observa. Quizás incluso los coge para revisarlos de cerca. Transmite una impresión de ser un comprador dispuesto a hacer un pedido. Y, por supuesto, todo el personal del stand se le echa encima para atenderle.

Alguien que muestra un interés tan abierto no requiere ninguna introducción. Lo mejor en este caso es mostrar interés por el visitante y por sus necesidades pasando directamente a la fase de identificación. Utilice una pregunta abierta como por ejemplo: «Veo que le interesa nuestro taladrador. ¿Lo necesita en su trabajo?» Evidentemente, resulta fácil entablar conversación con este tipo de comprador. Simplemente acuérdese de que no son muy abundantes. Demasiados vendedores se pasan el día esperando que estos visitantes lleguen. ¡No sea uno de ellos!

Dos advertencias sobre este tipo de visitante tan interesado. Asegúrese de que tiene el control de la conversación. Si deja que sea el visitante el que domine, quizá no llegue jamás a la fase de identificación. Conteste brevemente a las preguntas que le haga, y plantee a continuación las cuestiones que le permitan identificarlo. En segundo lugar, ¡tenga cuidado con la competencia! Es posible que quiera espiar y se presente como un comprador potencial. Haga todo lo que pueda para entrar en la fase de identificación antes que dar ningún tipo de información reservada.

Independientemente de que el visitante se acerque con invitación o sin ella, siga lo que yo llamo la Regla UMHP. Usted y su equipo deben tener siempre una o dos fórmulas preparadas para entablar una conversación. Cuando un visitante se acerca a un metro de usted, *debe* entablar conversación con él o ella. Haga que sea una obligación para todos. Muchos clientes me han confirmado que esta pequeña regla marca una gran diferencia en sus resultados.

Clasificar

Una vez que ha conseguido atraer la atención de un visitante, avance rápidamente hacia la fase de la identificación en el proceso de venta. Recuerde que el tiempo es oro, especialmente en una feria. No piense en horas de feria, piense en minutos. Si una feria permanece abierta durante 26 horas, cuente como si fueran 1.560 minutos. Si trabaja con una eficacia del cien por cien y a máxima velocidad, podrá recibir un visitante nuevo cada seis minutos, o lo que es lo mismo, 260 personas durante toda la feria. Pero ninguno de nosotros puede ser cien por cien eficaz, ni trabajar a toda velocidad todo el tiempo. Algunas horas son más productivas que otras; quizá consiga un 75% de eficacia. Algunas entrevistas exigirán más de seis minutos. Existen muchos factores que pueden determinar el número de personas que recibe al cabo del día, pero para ser eficaz y eficiente, tiene que mantener siempre el control. Es por esto por lo que resulta tan importante evitar la pérdida de tiempo, y entrar cuanto antes en la fase de la identificación.

Como he dicho antes, un punto de partida es la acreditación. Utilícela de la misma forma que durante la introducción. Si sabe algo de esa empresa, puede ser útil a la hora de identificar a la visita. Averigüe en qué área trabaja su interlocutor. ¿Qué responsabilidad tiene? Una vez que lo haya averiguado, puede saber cuál es la utilidad de su producto para su empresa y si su interlocutor tiene la capacidad de decisión en las compras. Si no sabe nada de esa empresa, pregunte.

Algunas ferias utilizan acreditaciones de colores. En la Super Feria de 1995, la inmensa feria del sector de material deportivo, las tarjetas se diferenciaban así:

* Comprador – rojo

- Consultor – naranja
- Expositor – azul
- Analista financiero – marrón
- Representante de un fabricante – verde
- Prensa / fotógrafo – verde
- Proveedor – fucsia

¡Era un método excelente para ayudar a identificar a los visitantes! (por supuesto, esto no resultará de gran ayuda si es daltónico).

Si expone en una feria que utiliza el sistema de colores en las acreditaciones, asegúrese de que transmite esta información a su equipo en la reunión previa a la feria. Concéntrese en uno de los colores, y olvídese de los otros. Por ejemplo, quizá le interese contactar con minoristas, vendedores por correo y compradores de centros comerciales. Si pide a su equipo que contacte únicamente con las personas con tarjetas de color turquesa, azul marino y aguamarina, se podrá concentrar en los grupos que realmente le interesan. En definitiva, no quiere perder el tiempo con clientes que no le comprarán. Si la feria no dispone del sistema de colores, como es el caso de la mayor parte de ellas, la responsabilidad de la identificación es totalmente suya.

¿Por qué debemos clasificar a los contactos? Existen tres razones para identificar a los interlocutores en la feria. La primera es económica; cada contacto que hace con un posible cliente cuesta dinero. Si identifica a sus contactos en la feria, se está ahorrando dinero. La segunda es el tiempo. Cada contacto comercial cuesta dinero y también tiempo. Todos somos conscientes de que el tiempo es un factor clave para el éxito en la venta. Si posponemos la clasificación para después de la feria, existe la posibilidad de que la competencia se nos adelante.

Cuando realiza la clasificación en la feria, tiene cierta ventaja sobre sus competidores. La tercera razón es la simplicidad. Mi padre me solía recomendar seguir el principio de SEME: Sencillo es Mejor. Él decía que si eliminamos pasos en un proceso nos ahorramos dolores de cabeza y problemas. Sustituya SEME por IDME: Identificar es Mejor.

¿Qué sucede si no clasifica a sus contactos en la feria? Algunas veces una empresa no puede llegar a clasificar a sus visitantes. Normalmente, hay dos circunstancias que pueden llevar a esta situación. La primera puede ser que el producto tiene un éxito tal que atrae la atención de prácticamente todo el mundo. La segunda es que la empresa dispone de pocos vendedores.

MicroDisk Services de Redmond, Washington, pasó por esta situación en la PC Expo de Nueva York. Sólo disponía de dos vendedores en el stand y tenía un producto que despertó el interés de muchos visitantes. Había tanta gente que no era raro ver a uno de los vendedores hacer una presentación delante de 50 personas a la vez; ¡una situación en la que era imposible clasificar a todo el mundo! La solución la aportó la agencia de telemarketing Molin/Cutler de Seattle. MicroDisk proporcionó a Molin/Cutler más de 1.000 contactos procedentes de la feria y le encargó que hiciera la correspondiente clasificación. Una vez detectadas aquellas empresas con más capacidad de compra, MicroDisk pasó esos contactos a su propio equipo comercial para que hiciera un seguimiento de las mismas. Un mes después de la feria, todo este trabajo había generado pedidos en firme por valor de más de un millón de dólares con 15 clientes nacionales, además de un millón más en ventas previstas para los doce meses siguientes.

La definición de «clasificado». La definición de «clasificado» depende de sus objetivos. Si lo que busca son nuevos contactos y sus clientes potenciales son centros comerciales, entonces quizá le baste una simple tarjeta de color azul marino. Pero es posible que trabaje en un mercado más horizontal, y lo que busque sea cualquier persona que tenga un ordenador personal en su oficina. En ese caso, intentará identificar la capacidad de compra de sus interlocutores. O quizá tenga un producto con una caducidad muy corta. En ese caso busca delimitar su capacidad de compra dentro de un determinado marco temporal. Este abanico de posibilidades exige que tanto usted como su equipo entiendan lo que significa *clasificar* a la perfección.

Yo particularmente busco cuatro tipos de criterios a la hora de clasificar a un cliente potencial:

1. ¿Es una persona que toma decisiones, que influye en ellas o que define parámetros? ¿Cuál de todos estos factores, o qué combinación de ellos, me interesa?
2. ¿Qué es lo que busca y cómo encaja mi producto o servicio?
3. ¿Puede pagar? ¿Es lo suficientemente potente para comprar mi producto? ¿Tiene dinero asignado en su presupuesto para este servicio en concreto?
4. ¿Cuándo estará dispuesto a comprar mi producto o servicio? ¿Treinta días? ¿Seis meses? ¿Dos años?

Es muy importante tener una definición muy precisa de «clasificación». ¿Está buscando a los presidentes de las empresas del informe Fortune 500 para instalarles un nuevo sistema informático por valor de 10 millones de dólares en un plazo de 18 meses? ¿O al director de Contabilidad que quiere un programa más adecuado para el seguimiento de los pagos, que pueda instalarse la semana que viene y que cueste menos de 1.000 dólares? Existe una gran diferencia entre estos dos clientes potenciales y el número de visitantes que podrían encajar en estas definiciones.

Clasificar hacia atrás

Hace muchos años, antes de trabajar en el mundo real, yo era jugador profesional de golf de la PGA. Durante esta etapa, una de las lecciones más importantes que aprendí fue planificar cada agujero hacia atrás antes de empezar a jugar.

Imagine, por ejemplo, que está jugando un hoyo de par cuatro. (*Par* hace referencia a la distancia de un hoyo. Un par cuatro es lo suficientemente largo como para necesitar dos golpes para alcanzar el *green* y un promedio de dos *putts* para meter la pelota en el hoyo. Un golfista medio jugará cada hoyo con una técnica que se conoce como *tee-to-green*. Dicho de otro modo, intentará lanzar la pelota lo más lejos posible con su primer golpe (el *drive*). Luego, planificará su próximo golpe para aproximarse al *green*. La distancia y dirección de su primer golpe determinará el tipo de palo que use en el segundo. Entonces hace su segundo golpe en dirección al hoyo, y como antes, su tercer golpe dependerá de la distancia y dirección del segundo. Una vez que ha alcanzado el *green*, decide el tipo de *putts* que utilizará.

Como jugador profesional de torneos, yo planteo mentalmente el juego a partir del hoyo hacia atrás. Siguiendo con el mismo ejemplo del par cuatro, primero localizo el hoyo en el *green* y el lugar desde el que quiero lanzar el último golpe. Los *green* suelen tener ondulaciones y pendientes y hay determinados puntos desde los que es más fácil golpear la bola. Una vez que he decidido dónde quiero poner la pelota en el *green* voy hacia atrás y busco el punto ideal para alcanzar el objetivo. Cuando tengo en la cabeza ese punto ideal ya sé dónde debo enviar la pelota con mi primer golpe desde el *tee*. No resulta extraño que este sistema de juego le lleve a cambiar por completo el tipo de palo que utiliza en el punto de salida y para el segundo golpe.

De igual forma que un jugador profesional plantea su juego *green-to-tee*, un vendedor profesional en una feria piensa de atrás para adelante a la hora de determinar cómo clasificar a sus clientes potenciales. Hágase la pregunta de quién es su cliente ideal. ¿Cómo es esa persona? ¿Qué características tiene? ¿Qué cargo tiene en su empresa? ¿Cuánta gente tiene a su cargo? ¿Cómo es la base de datos con la que trabaja? ¿Cuántas tiendas tiene? ¿Necesita enviar documentos de un día para otro? ¿Con qué frecuencia utiliza el teléfono? ¿Dónde tiene su central? ¿Qué tipo de presupuesto tiene?

Coja un papel y haga una descripción de su cliente ideal. Puede utilizar un papel aparte, pero si rellena los espacios que aparecen abajo, siempre sabrá qué busca.

Es posible que sea necesario hacer una reflexión similar para cada feria. Su público objetivo puede variar porque cada una de ellas está destinada a mercados verticales específicos.

Mi cliente ideal:

1

2

3

4

5

6

Una vez que tiene la descripción de su cliente ideal, planifique hacia atrás para formular preguntas que le serán útiles para identificar clientes potenciales. Asegúrese de que son preguntas abiertas: ¿Quién?, ¿qué?, ¿cuándo?, ¿por qué?, ¿cómo?, ¿cuánto?, ¿cuántos?, ¿cuáles? Aquí tiene unas cuantas preguntas que podrían ser de utilidad para definir los criterios sobre clientes potenciales:

* ¿Quién está involucrado en el proceso de toma de decisiones?
* ¿Cuáles son sus responsabilidades?
* ¿Dónde está situada su empresa? ¿Está dentro de nuestra área de distribución?
* ¿Cuándo piensa que necesitará este tipo de producto?
* ¿Por qué está interesado en nuestro producto?
* ¿Cómo piensa emplear este producto nuevo?
* ¿De cuánto dinero dispone en su presupuesto?
* ¿Cuántas personas utilizarán este producto?
* ¿Qué departamento de la empresa lo utilizará más?

Mientras realice el proceso de clasificación de un visitante, aproveche la ocasión para poner de manifiesto la utilidad de su producto en estos campos. Dirija sus respuestas hacia necesidades concretas, centrándose en los problemas específicos que el cliente pueda tener. Esto es vender de verdad.

Este tipo de preguntas abiertas le ayudará a mantener el control de la conversación. Esto es importante. Sólo existen dos opciones después del proceso de identificación. Una es aceptar que el interlocutor no es un contacto válido, momento en el cual da por terminada la conversación amablemente y prosigue con la siguiente visita. La otra opción es determinar que ese contacto es un cliente potencial. Si es así y usted presenta su producto como algo práctico a lo largo de la conversación, el cliente deberá reconocer su utilidad.

¿Recuerda el formulario de contactos del capítulo 3? Este es el momento de utilizarlo y escribir la información. Hágalo tan pronto como haya decidido que está hablando con un cliente potencial; esperar al final de la conversación es un error. Hay cuatro buenas razones para cumplimentar el formulario al mismo tiempo que conversa con su interlocutor:

1. La memoria falla. ¿De cuántas cosas se olvida en cuestión de minutos? De muchas. Además, con todas las distracciones circenses de una feria, es doblemente difícil recordar lo hablado. Escriba mientras habla con su cliente potencial.
2. El tiempo es oro. Recuerde que dispone de un número limitado de minutos en la feria. Aunque sólo necesite unos pocos para rellenar el formulario después de que su interlocutor se haya marchado, estará desperdiciando ese tiempo. Si emplea un promedio de 9,5 minutos con cada una de las visitas, esto representa 6,3 contactos por hora, o 176 contactos en una feria de 28 horas; si tiene que añadir dos minutos más para rellenar el formulario, el tiempo que dedica a cada contacto se eleva a 11,5 minutos; o lo que es lo mismo, sólo 5,2 contactos por hora o 146 en toda la feria. Esto representa una pérdida del 17%. No vale la pena. Escriba la información mientras habla con su cliente.
3. Resulta profesional. Los visitantes quedan impresionados, no ofendidos, cuando ven que un representante toma notas. Piensan que demuestra auténtico interés por anotar los datos correctamente. Y, de hecho, es así.
4. Crea un sentimiento de compromiso por parte del interlocutor. Quizá su objetivo en esa feria sea concertar citas de seguimiento posteriores. Cuando apunta la información en el formulario, está creando un sentimiento de compromiso

por parte del cliente potencial para seguir al menos hasta el paso siguiente.

Introducir e Informar

Cuando llegue a la fase de introducir, recuerde que no está haciendo una presentación de ventas en profundidad; simplemente está ofreciendo una visión general sobre su producto y cómo puede satisfacer las necesidades de su cliente. No está intentando cerrar una venta, sólo busca conseguir sus objetivos. Esta es una de las diferencias más importantes entre la venta sobre el terreno y en una feria. En el primer caso, quizás esté acostumbrado a una comunicación más relajada, dominada por su cliente. En una feria, es usted el que debe controlar la situación y hacer que avance.

Siempre surgen excepciones a esta norma, y debe estar atento a esta posibilidad. A un cliente potencial que tenga la intención de comprar en la feria se le debe dedicar más tiempo y atención. Un equipo de compradores grande que se dedica a comparar y comprar y que puede hacer un pedido considerable en una feria también es otro ejemplo. Esté atento a estas oportunidades y excepciones.

Si se encuentra en alguna de estas situaciones, dedíqueles un tiempo fuera de la feria para cerrar el trato. Reúnase con los compradores en el hotel o quede para cenar y limar los detalles. Este sistema permitirá a todo el mundo aprovechar al máximo el tiempo de la feria, además de que facilita un ambiente sin prisas y distracciones.

Acuerdos posteriores a la feria

Después de una introducción no agresiva, una presentación detallada de su producto y la identificación del cliente potencial, llega de forma natural el momento del cierre de la entrevista. Si su objetivo es conseguir que el cliente acepte un nuevo contacto de seguimiento tras la feria, lo único que necesita es fijar una cita. O quizás el cierre consiste simplemente en preguntar al cliente si le puede llamar el martes siguiente por la mañana.

El punto clave es conseguir el consentimiento del cliente para dar el siguiente paso. Sucede con frecuencia que contactamos con alguien después de la feria y nos encontramos que nos recibe con un: «¿Visité su stand? No lo recuerdo». Debería intentar que lo recuerde mediante un compromiso concreto. Para conseguirlo puede decir algo parecido a esto: «Le enviaré esta información justo después de la feria. ¿Le parece bien que le llame para confirmar que la ha recibido el próximo viernes?»

En esencia, lo que está haciendo con el cierre de la entrevista es repasar las expectativas del cliente y reiterar la capacidad de sus productos para satisfacer sus necesidades. Luego puede continuar con una frase parecida a la siguiente: «¿Está de acuerdo en que nos volvamos a reunir para seguir esta entrevista en unas dos semanas?» Aunque resulta sencillo y corto, es un paso muy importante. Con este cierre, determina un contacto futuro con su cliente potencial. Si sigue todos los pasos anteriores pero no cierra, puede poner en peligro la venta. En el fondo, el cierre de una entrevista en una feria se parece a la conclusión de un encuentro en el terreno, con una diferencia importante: en la feria concluye con un acuerdo para seguir un paso más allá en el proceso de relación comercial, no del producto.

Código de equipo

En ocasiones se encontrará en situaciones que exigen la colaboración del equipo. Hay circunstancias típicas:

El «pesado». Esta es una forma no excesivamente amable de definir a un visitante sin interés comercial que no se quiere marchar. Indíquele con educación que le encanta hablar con él pero que está seguro de que quiere visitar otros stands y que tiene que continuar con su trabajo. Si la persona no se da por enterada, lance una señal al equipo. Una señal definida de antemano, un toque en la oreja o un dedo sobre la nariz, lo que sea. Una vez que él o ella lo han entendido, pueden acercarse y recordarle que tiene pendiente una cita inventada u otra obligación. El objetivo es rescatarle de la situación lo antes posible.

El «protestón». En alguna ocasión, alguien puede tener un problema con el departamento de contabilidad de su empresa y decidir emprenderla contra el presidente de la compañía. Con frecuencia el objetivo es simplemente montar una escena con la intención de perjudicarle. Sin entrar a discutir a qué planeta le gustaría enviar a este tipo de individuos impertinentes, es importante disponer de un plan. Si se produce esta circunstancia, el objetivo número uno es sacar a ese individuo del stand. Un sistema para conseguirlo es disponer dentro del equipo de un «hombre bueno» cada día, que se responsabilice de la situación. Haga que ese miembro del equipo se lleve a la persona a tomar un café para continuar la discusión de sus problemas.

Mensajes subliminales

Una feria puede ser de dimensiones reducidas con unas pocas docenas de expositores o enormes con miles de stands. En cualquiera de los dos casos, los visitantes se encuentran tan fuera de lugar caminando por los pasillos como usted. Por esta razón, es importante controlar el arte de la comunicación no verbal.

Los visitantes que van recorriendo la zona de los expositores se mueven a un *ritmo de feria*. Al mismo tiempo, aplican un tipo de *mirada de feria*, y van seleccionando stands mentalmente y eliminando aquellos que no les interesan en absoluto. Y lo hacen incluso sin detenerse a hablar con nosotros. ¡O quizá saquen sus conclusiones después de conversar con nosotros durante quince segundos! En realidad, lo que buscan son justificaciones para borrarnos de su lista.

En una ocasión aprendí una lección importante de mi buen amigo George Walther, uno de los expertos en telemarketing más importantes de Estados Unidos. En sus seminarios, George coloca a los participantes en parejas sin que se conozcan entre sí, apaga las luces y les pide que hablen entre ellos. George les propone que hablen sobre algún tema sencillo, sus postres favoritos, las últimas vacaciones o sus aficiones: deja que la primera persona hable durante unos 13 segundos, y luego pasa el turno al otro.

Después de este ejercicio, George enseña a los participantes una lista de adjetivos. En esa lista incluye palabras como tímido, seguro, agresivo, generoso, reflexivo, atento, honesto, inteligente y amistoso. Cada uno elige tres o cuatro adjetivos que podrían describir a su compañero. ¡La gente se queda tremendamente sorprendida al ver con cuánta precisión los demás son capaces de conocerlos en menos de un cuarto de minuto, simplemente escuchando su voz!

Evidentemente, George está enseñando a la gente cómo suenan nuestras voces por teléfono, pero esa misma capacidad de «análisis instantáneo» se genera cuando conocemos a alguien en una feria. La mayoría de las veces, este tipo de encuentros breves es todo lo que podemos esperar en una feria. Una encuesta ha demostrado que el 80% de las veces, el recuerdo que un visitante se lleva de su presencia en la feria está marcado por el comportamiento del personal del stand.[17] La comunicación no verbal resulta probablemente más importan-

17. Existen muchos responsables de empresas y organizadores de ferias que han investigado la predisposición para la compra por parte de los visitantes y la influencia del personal de un stand sobre los resultados de una feria.

te en las ferias que en cualquier otro tipo de situación comercial porque allí los encuentros son muy breves.

Captar a su cliente potencial

Antes de aprender a mejorar nuestro lenguaje gestual, veamos cómo captar el lenguaje no verbal de los visitantes. Mientras los visitantes pasan delante de su stand, fíjese en esas señales subliminales que le abrirán la posibilidad para un primer acercamiento. Observe cómo caminan, su postura y el uso de las manos. Míreles a los ojos. ¿Dan la impresión de querer hablar? ¿Recuerda el ritmo y la mirada de feria? Los visitantes se mueven a ese ritmo para protegerse. Sin embargo, cuando algo les llama la atención, cambian su ritmo. Manténgase alerta a esos cambios. Si sucede justo delante de su stand, probablemente algún producto que expone les ha hecho aflojar el paso. Si observa esto, ha llegado el momento del contacto.

Fíjese en su postura. ¿Tiene el tronco todavía dirigido hacia el pasillo o se ha girado hacia su stand? La mayor inclinación de su cuerpo hacia su stand indica un mayor interés.

Observe la disposición de las manos y los brazos de la persona:

Frotamiento de las manos. Es una señal positiva, normalmente de curiosidad, anticipación o ansiedad. Siga la señal y adelántese.

Se toca la cara. Esta acción implica que la persona está pensando sobre lo que le acaba de decir, quizá sobre cómo su producto cuadra con su sistema. Lo mejor en este caso es permanecer callado y esperar que su interlocutor tome la iniciativa.

Junte las manos. ¿Se ha encontrado alguna vez delante de una persona que coloca los codos sobre los apoyabrazos y junta las manos? Este es uno de los signos subliminales más claros que se pueden hacer. Representa poder, conocimiento y confianza. Un interlocutor que lanza esta señal sabe lo que quiere, y al menos aparentemente, le está dando la información adecuada. Si se encuentra en esta postura y se toca la cara, es una excelente señal de su interés. Tenga cuidado de no utilizar esas señales usted mismo en una fase muy temprana de la conversación, podría parecer arrogante.

Brazos cruzados. Este es un gesto de protección. Las personas que lo utilizan están diciendo: «No me molestes». Quizá no haya conseguido que su interlocutor se sienta cómodo. Reduzca el ritmo de su presentación e intente transmitir seguridad antes de ir más allá. Cuando haya relajado sus brazos, prosiga con su presentación.

Puños cerrados. No creo que sea necesario decirle que es una mala señal. Use la misma táctica para ganar la confianza de su cliente que con los brazos cruzados.

Piernas cruzadas. Este puede ser, también, un gesto defensivo, igual que los brazos cruzados; trátelo de la misma forma. Pero tenga cuidado, es posible que su interlocutor se encuentre simplemente cansado después de un largo día. Según el Trade Show Bureau, los visitantes suelen pasar más de ocho horas en el recinto ferial. Eso es un gran esfuerzo para los pies. Por lo tanto, si su interlocutor tiene las piernas cruzadas, observe si va cambiando el peso de su cuerpo de una pierna a otra; si es así, esto indica cansancio, en cuyo caso deberá esforzarse un poco más para mantener su atención.

Gestos súbitos. No asuma que las posturas descritas son necesariamente buenas o malas. ¿Tiene los brazos cruzados? Quizá sienta frío, y no esté a la defensiva. (Quizá también usted tenga frío.) Lo que sí debe de tener en cuenta son cambios bruscos de lenguaje corporal. Si su interlocutor parece estar cómodo con usted y receptivo y de repente cruza los brazos, quizá sea debido a algo que acaba de decir o mostrar. Detenga la presentación y diga algo así como: «Veo que está preocupado. ¿He dicho algo que le ha molestado?», o «Parece no estar de acuerdo con nuestras condiciones. ¿Desea comentarme sus inconvenientes?»

Estudie a sus clientes potenciales, y manténgase atento a cualquier cambio de sus mensajes subliminales. Si uno de esos mensajes le pasa desapercibido y prosigue con su presentación, puede estar perdiendo un cliente.

Proxemia

La proxemia se dedica al estudio del espacio personal. El punto clave que debemos tener en cuenta en relación con la proxemia es el espacio individual y su influencia en el proceso de venta. Existen tres áreas que envuelven a cada individuo. (Ver Figura 6-1.)

Figura 6-1. *Nuestro espacio personal*

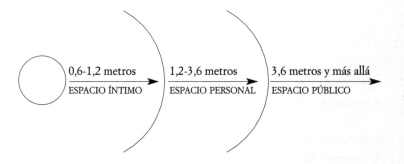

La zona exterior, conocida como *espacio público* empieza a unos 3,6 metros del individuo. Cualquiera que se encuentre en esta zona no llamará nuestra atención. Dicho con otras palabras, no es importante para nosotros tomar en consideración a nadie que se encuentre a 3,6 metros o más lejos. En una feria no podría venderle a una persona que se encontrara a una distancia de 3,6 metros. Por consiguiente, un visitante se sentirá seguro mientras guarde esa distancia.

La zona intermedia, conocida como el *espacio personal,* se extiende aproximadamente entre un metro y 3,6 metros del individuo. Una persona que entre en este espacio podrá ser atendido. En una feria, es en esta zona donde empieza el proceso de venta. Cuando un visitante penetra en esta zona está recibiendo un permiso tácito para establecer la comunicación. Las fases de introducción e identificación se desarrollan en esta zona.

La zona más próxima, conocida como el *espacio íntimo,* comienza aproximadamente a un metro del individuo. Esta es la zona donde se desarrolla la venta. Si la persona le deja acceder a esta zona mientras está hablando de su producto, el proceso de venta resultará mucho más fácil.

La expresión «un trato al alcance de la mano» se podría traducir como «mantenga las distancias», porque la longitud del brazo es aproximadamente de un metro. Respete el espacio personal de su interlocutor. No se acerque demasiado rápido. Espere a recibir la señal con el permiso correspondiente. Si su interlocutor le toca el brazo a lo largo de la conversación, es una buena señal. De igual forma, si se inclina hacia usted mientras realiza su presentación, le está dando su autorización para acercarse también.

Una última palabra sobre la proxemia. Los seres humanos marcamos nuestro territorio igual que los animales de la selva. Tenga mucho cuidado y evite hacer esto en su stand. No deje ningún objeto personal a la vista: portafolios, cuaderno de notas, agenda. Estaría enviando un mensaje territorial. Guarde esas cosas fuera de la vista. El stand debe ser cálido y acogedor, no amenazador.

Venta subliminal en el stand

Las ferias demuestran que la frase: «Nunca tienes una segunda oportunidad para mejorar tu primera impresión», es una gran verdad. La comunicación empieza antes incluso de que los visitantes se detengan en su stand. Si envía señales receptivas, positivas y de confianza, estará transmitiendo a los visitantes el mensaje de que es alguien a quien vale la pena conocer. Veamos de qué forma los mensajes subliminales tienen un efecto sobre nuestros resultados y cómo podemos utilizarlos en provecho propio.

La postura. Cuando está de pie en el stand esperando a los visitantes (he dicho de pie, jamás sentado), su postura indica muchas cosas. Colóquese con las piernas separadas a una distancia similar a la anchura de los hombros, con el peso del cuerpo equilibrado y las manos descansando bien en los lados, bien cogidas por detrás. Esta postura es acogedora y fuerte.

No balancee su cuerpo de un pie al otro ni cruce las piernas. Estas son posturas débiles que indican una actitud defensiva. Es verdad que resulta difícil evitarlas cuando está cansado después de un día entero en la feria, pero piense que ese visitante que llega a las cuatro de la tarde podría ser su gran oportunidad del día. ¡Manténgase alerta! Una manera de evitar ese comportamiento involuntario es usar zapatos cómodos. La feria no es lugar apropiado para estrenar un par de zapatos. (Relea la parte dedicada a la vestimenta en el capítulo 5.)

Si tiene capacidad de decisión sobre el diseño y los materiales del stand, coloque un buen relleno debajo de la moqueta. No sólo usted notará una gran diferencia en sus piernas y pies, sino también sus visitas. Pasarán más tiempo en su stand y no sabrán por qué. Esta es otra técnica de venta subliminal.

El apretón de manos. ¡Ah, el todopoderoso apretón de manos! He conocido compradores que me han confesado que no habían hecho un pedido a un vendedor por la forma en la que daba la mano. Es importantísimo.

El apretón de manos es una manera de determinar las fuerzas y el ánimo entre usted y su interlocutor. Si ofrece una mano frágil, débil, sudada o temblorosa, su interlocutor pensará inmediatamente que es una persona sin carácter. Cómprese un aparato para fortalecer la mano o haga ejercicios con una pelota de tenis. Para combatir el sudor de manos, láveselas con frecuencia, no las junte mientras está de pie esperando a alguien, y no se las meta en los bolsillos; deje que se sequen al aire. Compre toallitas para no tener que salir constantemente a lavarse las manos. Y evite que una visita le vea secárselas con la ropa; perderá puntos inmediatamente.

Ofrezca la mano a su interlocutor, pero espere a que él o ella se la suelten. No concluya un apretón de manos demasiado rápido. No use las dos manos en el saludo, a menos que conozca a la persona muy bien. La gente suele sospechar de los que usan en un primer encuentro ese tipo de saludo de «político». Salude con firmeza, pero no rompa la mano de la otra persona. Algunos disfrutan mostrando su fuerza. No es necesario y es muy molesto.

Hombres: Cuando salude a una visita por primera vez, un truco que suele funcionar es atraerlo hacia usted mientras se dan la mano. Demuestra calor y ausencia de miedo. No se preocupe si él o ella reculan un poco. Ya ha marcado quién controlará a partir de ahora la conversación. No recomiendo a las mujeres que utilicen este truco. Por desgracia, si es un hombre el que recibe el saludo, lo podría interpretar como una proposición. Una mujer que reciba este tipo de saludo de parte de otra mujer se quedará muy sorprendida.

Mujeres: Si tiene la mano pequeña y está saludando a una persona corpulenta que usted, abra los dedos para dar la impresión de tener una mano más grande. Esto evitará que la consideren frágil y pequeña.

Manos y brazos. Mientras espera recibir a alguien, permanezca de pie con las manos a los lados o cogidas por la espalda. No cruce los brazos ni ponga las manos en los bolsillos. Estas posturas ponen de manifiesto una actitud defensiva y poco educada. Cuando establezca una conversación, gesticule con las manos abiertas y los codos separados del cuerpo. Esto denota una postura acogedora y cálida.

Mientras esté escuchando, mantenga sus manos separadas y visibles. Esta postura representa un mensaje de que «Yo confío en ti, tú puedes confiar en mí». Evite correr el riesgo de asustar a un cliente. El primer minuto resulta crucial para el éxito del proceso. Una vez que haya conseguido que su interlocutor se sienta cómodo y seguro en la fase de introducción y clasificación, tendrá más facilidad para avanzar hacia el cierre.

Contacto visual. En una feria todo vendedor debe hacer un esfuerzo especial para mantener un contacto visual con la persona con la que esté hablando. Hay tantas cosas interesantes que podríamos mirar y tantas caras que van pasando que uno siempre tiene la tentación de mirar a todas partes menos a los ojos de su interlocutor. Se dice con frecuencia que una forma de mantener ese contacto es mirar fijamente a la punta de la nariz o la parte central de la frente de nuestro interlocutor. Esta técnica de despersonalización suele ser contraproducente. La gente se da cuenta cuando alguien está evitando el contacto visual.

Cuando mira a alguien a los ojos, tiene la tendencia a mirar a un ojo y después al otro. Cuando se fija en la nariz, sus ojos quedan fijos en un punto; su interlocutor se dará cuenta de que algo pasa. Si se encuentra a una distancia menor de un metro, un cliente con una vista normal se dará cuenta de que no le está mirando a los ojos. Así que es mejor que evite trucos que pueden terminar por perjudicarle al ofender a un posible comprador. Mire directamente a los ojos de su interlocutor y mantenga ese contacto.

Establecer afinidades A la gente le gusta relacionarse con personas como ellas. Hábleles en su propio estilo y demuéstreles que se preocupa por ellos. Conseguir una comunicación armoniosa en unos pocos minutos es posible; ayuda a crear confianza, lo que en definitiva se traducirá en ventas. Si sabe utilizar sus habilidades sociales, las oportunidades llegarán.

Las afinidades son el puente que ayuda a las personas con las que se comunica a dar un sentido y un interés a lo que les dice. Las hace sentirse cómodas en general y crea un sentimiento de calidez y comprensión. Y lo que es más importante, cuando se trata de vender, esa corriente de afinidad contribuirá a que su cliente vea que lo que le está diciendo está pensado para él, y tiene en cuenta sus deseos y circunstancias particulares. Sin simpatía, estará transmitiendo mera información. Podría limitarse a leer su presentación delante del cliente. La mejor forma de establecer esas afinidades es tomar en consideración, seria y sinceramente, las necesidades de su interlocutor. Ninguna técnica funcionará si no se preocupa sinceramente por la persona que tiene delante.

No puedo enseñarle cómo interesarse por los demás, pero sí le puedo ofrecer una cuantas pistas para desarrollar afinidades rápidamente:

Imitar al interlocutor. Las personas tenemos tendencia a tratar o depositar nuestra confianza en gente que es como nosotros. Si demuestra una gran diferencia respecto a su visitante, le costará más crear la confianza y la calidez necesarias para concluir una venta. Una de las maneras para generar confianza y simpatía es imitar los gestos corporales y las posturas de su interlocutor.

Si se fija en las personas que disfrutan estando juntas, observará una inconsciente pero profunda simpatía física. Los adversarios, por el contrario, tienen la tendencia, también inconsciente, a contraponer sus movimientos. Pueden incluso llegar a evitar el contacto visual y así prevenir la creación de posibles afinidades.

Durante su contacto con una visita, observe sus movimientos corporales con atención. Si coloca sus brazos en los lados, haga lo mismo. Si se inclina hacia delante, imítele. Si lo hace sutilmente, su interlocutor no notará nada, y le sorprenderá lo rápido que consigue crear una corriente de afinidad entre los dos. La imitación de los gestos es el resultado de una corriente auténtica de simpatía.

Adoptar expresiones. Utilice palabras clave y expresiones que tengan un significado para su interlocutor. Cada persona tiene un estilo particular de hablar y un vocabulario. Si puede detectar ese estilo y esas palabras, dispondrá de la llave para abrir su mente.

Cada sector tiene su propia manera de expresarse. Los abogados tienen sus legalismos y los intermediarios en la bolsa hablan en su jerga. El sector en el que trabaja su cliente tiene también su vocabulario particular; aprenda sus expresiones para que pueda comunicarse de una forma práctica. Un buen ejemplo de este tipo de jergas es la expresión *tener contactos*. En nuestros días se utiliza hasta la saciedad en círculos empresariales, pero versiones diferentes de esta misma expresión se utilizan en otros sectores. En el sector inmobiliario se utiliza la palabra *cultivar* con el mismo significado. Y en algunos sectores más dudosos, utilizan la expresión *enchufe* como sinónimo de *conexión*.

Afinidad verbal. La mejor forma de establecer una afinidad verbal con un interlocutor es escuchar atentamente durante el primer minuto más o menos, tomando nota mentalmente de lo que está oyendo. Detecte las inflexiones, la longitud de las frases, las palabras y frases claves. Se podrá comunicar con esa persona de una manera sutil si reproduce su manera de hablar. Mientras evite imitarlo de una forma sarcástica, no se dará cuenta. La gente espera que usted hable igual que ellos. Si no se expresa de una manera cómoda para su interlocutor, puede crear cierta tensión.

Fijar la atención del interlocutor. Esta técnica es más o menos lo contrario de imitar a su interlocutor para crear simpatía. Cuando intente fijar la atención de un cliente, utilizará una palabra clave, una frase o un gesto suyo para crear un sentimiento o una emoción agradable. Por ejemplo, cuando hablo delante de un grupo, suelo comenzar contando una anécdota divertida de mi experiencia como golfista profesional. Normalmente suele ser una situación que en aquel momento fue embarazosa, pero que ahora resulta graciosa. Cuando llego al desenlace de la anécdota, suelo hacer un gesto, que acompaño con una expresión de la cara que delata inocencia o sorpresa. La manera como explico la anécdota, junto con mis gestos, suele provocar la hilaridad de mi audiencia.

Lo curioso es que en los seminarios o charlas posteriores puedo recurrir a esa misma expresión para provocar la risa. He aprendido a utilizar ese gesto para generar buen ambiente en ciertos momentos del desarrollo de mi programa. Las personas de mi audiencia han sido *programadas* con mi anécdota inicial para creer que cuando yo pongo esa cara, ellos deben sentirse bien. Yo he creado ese sentimiento positivo.

Este mismo resultado se puede conseguir con ciertas palabras o expresiones. El humorista Joan Rivers utiliza: «¿Podemos hablar?»; para Ronald Reagan es «Otra vez con lo mismo...». Rodney Dangerfield dice: «Nadie me tiene en cuenta».

En una venta, si se ha dicho una palabra o hecho un gesto determinado para generar una corriente positiva con el cliente, es posible utilizarlo cuando llega el momento de cerrar la operación.

Una dependienta de la cadena Nordstrom utilizó esta técnica conmigo. No hace mucho tiempo estaba buscando un traje, y decidí entrar y probarme uno. La dependienta se acercó para atenderme y sin más me dijo: «Es usted muy guapo». Mientras me reponía del halago y se lo agradecía, ella me tocó suavemente en el codo. En primer lugar ella aprovechó la oportunidad para entrar en mi espacio íntimo; pero a mí no me importó gracias al cumplido que me había hecho. En segundo lugar, creó una corriente positiva tocándome en el codo.

Los trajes de entre 200 y 300 dólares no me sentaban bien, así que ella propuso que me probara uno que valía 600 dólares. Acepté convencido de que tanto ella como yo estábamos perdiendo el tiempo. ¡Jamás me había gastado una cantidad semejante en un traje! Cuando salí del probador, ella me dijo: «¡El traje le queda estupendamente!» Y, lo ha adivinado, me volvió a tocar en el codo, como había hecho antes. El traje me quedaba bien, pero su gesto ayudó a generar nuevamente el mismo sentimiento positivo que cuando había dicho que le parecía guapo. Me compré el traje.

Una advertencia sobre los mensajes subliminales

Estos pequeños trucos no sirven para todo el mundo. Si no se siente cómodo utilizándolos, no lo haga. Su objetivo más importante es atender al cliente, no timarle. Estas técnicas pueden ayudarle a generar simpatía rápidamente, pero si no manifiesta una clara voluntad de ayudar a su cliente con sus problemas, estas herramientas no servirán de nada.

7

Los secretos del éxito de una feria

Lo básico en una feria

Esta sección se podría titular «Curso de introducción a las ferias». Con frecuencia, durante mis presentaciones, los vendedores me critican porque piensan que todo esto es simple sentido común. Mi respuesta es: «¿Por qué no lo aplicáis, entonces?» Sé con absoluta seguridad que al cabo de dos horas de la inauguración de una feria, me puedo poner en medio de un pasillo y observar cómo la gran mayoría de las personas en los stands se saltan todas y cada una de estas sencillas reglas. Es posible que sean de sentido común, pero no son de cumplimiento común.

No se siente
Si está sentado en una feria, transmite la impresión a los visitantes de que no quiere que nadie le moleste. Los visitantes no interferirán si piensan que está en un descanso. Recuerde que lo que están buscando son razones para no tenerle en cuenta. No les ofrezca ninguna. Además, si parece que tiene entusiasmo, es que tiene entusiasmo. Lo contrario también es cierto. Si parece que está aburrido, entonces está aburrido, y será aburrido para los demás.

No lea

Por cada metro lineal de espacio, dispone de dos o tres segundos para atraer la atención del visitante como para hacer que se detenga. No resulta muy impactante ver a alguien leer un periódico o una revista. Déjelo para más tarde.

No fume

No es sólo de mala educación, y quizás ilegal, fumar en el stand, sino que también puede resultar ofensivo para su cliente; sí es apropiado, en cambio, tener ceniceros en el stand para que los utilicen sus visitas. Si necesita fumar, planifique unos descansos para salir fuera del stand.

No beba ni coma en el stand

Resulta de poca educación y caótico. Los clientes potenciales no le interrumpirán mientras esté comiendo; son educados. Además, hay muchos stands donde el personal está ansioso por vender. No tienen ninguna necesidad de hablar con usted.

No masque chicle

Nadie desea hablar con alguien que está masticando chicle. Además, las ferias son muy ruidosas. Tiene que poder hablar con claridad, y con frecuencia en un tono alto. No puede comunicarse bien con la boca llena. Por el mismo motivo, evite las pastillas de menta o caramelos. Es bueno tener algún tipo de spray para el aliento o algún tipo de líquido, pero evite cualquier cosa que permanezca en su boca durante cierto tiempo.

No ignore a los visitantes

Una de las cosas más desagradables que puede hacer es ignorar a un visitante, aunque sólo sea durante unos segundos. Nadie desea que le ignoren. Si está ocupado cuando se le acerque alguien, hága notar que le ha visto o inclúyalo en la conversación.

Si está hablando con un compañero o un vecino de stand, interrumpa la conversación inmediatamente.

No hable por teléfono

¿Para qué necesita un teléfono en primer lugar? Cada minuto que pasa hablando por teléfono es un minuto menos que puede dedicar a sus clientes potenciales, y al igual que otras cosas a evitar, resulta de mala educación. Aunque la feria sea poco concurrida, sólo se necesita un buen cliente para que se transforme en un éxito. Si está hablando por teléfono es posible que pierda esa oportunidad.

No sea una barrera

Es cierto que debe colocarse cerca del pasillo para atender a los visitantes que pasan, pero evite ponerse donde cierre el paso y limite la visión. Permanezca cerca del pasillo pero fuera de la zona de paso, especialmente si está en un stand de 3 metros cuadrados. (Cuadro 7-1)

Cuadro 7-1 *Dónde ponerse en el stand.*

A	B	A	PASILLO
			A – Colóquese aquí
			B – No se coloque aquí
PARTE TRASERA DEL STAND			

No reparta folletos a todo el mundo

Ya me he referido a este punto en un capítulo anterior, pero lo comentaré con un poco más de detalle otra vez.

Si ha caminado alguna vez por las calles de Manhattan, seguro que tiene el honor de haber sido acosado por una persona con una pila de panfletos que prácticamente le lanza a la cara cuando está cerca. Aunque la información pudiera resultar interesante, este sistema resulta ofensivo. Así que se aleja rápidamente en busca de una primera papelera. Algunos incluso ni esperan a encontrar una, simplemente los tiran al suelo. Si lo piensa un poco, no resulta tan diferente de las personas que en las ferias se dedican a colocarse delante de su stand y a endosar folletos a los desprevenidos visitantes. ¿Está seguro de que quiere que sus clientes potenciales le vean en estas circunstancias?

Además resulta carísimo, y aquí le ofrezco un truco muy sencillo para ahorrar dinero: llévese a la feria un cuarto de los folletos que pensaba utilizar. Repártalos durante el primer día de la feria. Al final de ese día, vaya a la papelera más cercana, vacíela y recoja sus folletos. Ahora ya dispone de suficientes para el día siguiente. Al final de cada día puede repetir la misma operación.

Bromas aparte, no es necesario repartir folletos a todo el mundo en una feria, incluso si se los piden. Estas son las razones más importantes para ello:

El coste. El coste de la impresión de folletos es enorme. Piense en ellos como si fueran billetes, ¿quiere de verdad regalar su dinero a cualquiera que se lo pida? Por supuesto que no. Cuando reparte los impresos de una forma arbitraria, puede estar seguro de que en la mayoría de los casos terminarán en el archivo de circulares. El coste de transportarlos también es grande. Los transportistas le cobran según el peso, y el papel pesa mucho. Hay formas mejores de gastar su dinero.

El desinterés de los visitantes. Verdaderamente, no desea que un material tan caro se pierda en la masa. Si la feria es grande, los visitantes acabarán recibiendo cientos de folletos. Para evitar cargar con todos en el avión, harán una selección en el hotel, dedicando un promedio de 1,3 segundos a cada folleto y apartando sólo aquellos que les interesan de verdad (aproximadamente 7) y lanzando los otros 153 folletos a todo color a la basura. Incluso si la feria es pequeña, no es aconsejable repartir impresos. Ningún comprador desea arrastrar kilos de papel innecesario.

Enviar por correo el material impreso es más rentable. ¿Cómo puede hacer llegar información importante a un cliente potencial importante? Dígale que no quiere agobiarle con el peso de más material y que le enviará la información solicitada después de la feria. Si lo hace así, conseguirá varios objetivos.

En primer lugar, demuestra su profesionalidad. Si dice que hará algo, y luego lo cumple, demuestra que es digno de confianza. Y como diría Humphrey Bogart, «este es el principio de una bella relación». En segundo lugar, puede acompañar el envío con una carta personal. Haga mención a algunas de las necesidades específicas a las que se refirió en la feria; comente algún aspecto personal que surgiera en la conversación. ¿Había algo especial en la vestimenta? ¿Dijo algo sobre el golf? Si hace mención a este tipo de cosas conseguirá crear una relación positiva. Y, por último, le dará una buena excusa para hacer una llamada de seguimiento. Este sistema genera en su cliente un sentimiento de obligación a la hora de ponerse al teléfono. Es mucho más fácil hacer una llamada para confirmar que ha recibido la información que hacerla sin ningún motivo para decir simplemente que os conocisteis en la feria. Esa llamada le permite además dar un paso más en el proceso de venta. Si ha repartido los folletos de una manera arbitraria, corre un gran riesgo. Si llama a alguien después, quizá no le recuerde, o quizás haya tirado su publicidad.

No hable con las personas de otros stands
Nunca insistiré lo suficiente. Si ofrece la más mínima excusa a un visitante para no detenerse en su stand, tenga por seguro que no se detendrá. Si da la impresión de estar enfrascado en una conversación con alguien, no le molestarán. Las conversaciones con sus compañeros de stand y con sus vecinos deben ser las mínimas posibles. Hable con sus clientes potenciales, no con sus colegas.

No juzgue superficialmente por la apariencia
Yo llamo a esto el *síndrome de Edith Goldman*. Creo que Edith fue quien empezó la moda de llevar zapatos deportivos para ir al trabajo. Lo lleva haciendo durante años en las ferias. Un buen día, después de asistir como compradora a cientos de ferias en todo el mundo, se cansó de tener que aguantar el dolor de pies. Así que empezó a utilizar zapatos deportivos. A Edith no le importaba su apariencia. Pretendía estar cómoda, pero muchos expositores no aceptaban el estilo de Edith. No parecía un comprador. Pero lo es, y muy importante; es una de las responsables de compras de Leavitt Advertising / Hanover House Industries, una de las empresas de venta por catálogo más grandes del mundo. Editan más de 20 catálogos, incluyendo Adam York, Synchronics y Tapestry. Edith fue también una pieza clave en los orígenes de los canales de televenta.

Edith desempeña la responsabilidad de comprar para cualquiera de los departamentos de Leavitt, lo que significa una gran capacidad de compra. Pero, como usa zapatos deportivos en las ferias, no todo el mundo la toma en serio. Edith se lo mira con filosofía: «Si no me toman en serio, ellos se lo pierden, no yo». Y tiene razón.

Los únicos que sí tienen que tener una apariencia excelente en una feria son las personas que atienden en un stand. Los compradores pueden ponerse todo lo cómodos que quieran: pantalones tejanos, camisas deportivas, etc. No los subestime.

No haga grupos

Los aspectos subliminales en una feria nunca se enfatizan suficientemente. Si participa en una discusión con dos o más compañeros del stand u otras personas que no sean clientes en potencia esta formando una piña. A los ojos de un visitante pareceréis una banda callejera. Él o ella os evitarán porque acercarse a un grupo de desconocidos resulta muy intimidatorio. Esfuérzese por crear un ambiente abierto, receptivo en su stand.

Sea entusiasta

Se dicen muchos tópicos acerca del entusiasmo, pero llevan parte de razón. El entusiasmo es contagioso. No se necesita dar saltos arriba y abajo para mostrar entusiasmo; de hecho el entusiasmo se puede definir como una actividad en la que se muestra un interés vivo y absorbente. Entusiásmese por la feria y su potencial. No deje que nadie le hunda con sus actitudes negativas. Una persona de éxito nunca observa un proyecto sin entusiasmo.

Transmita entusiasmo en relación con su empresa y sus productos. Una sola persona puede marcar una gran diferencia. Hay una historia acerca de una niña llamada Annie que fue internada a la edad de 10 años porque no podía comunicarse ni aprender, y tenía actitudes violentas. Los médicos lograron convencer a los padres de Annie de que no había nada que hacer. Como Annie era una paciente problemática, no se le permitía ningún contacto con los demás enfermos. De hecho, la encerraron en una habitación y poco menos que tiraron la llave.

Sin embargo, una enfermera quería conocer a Annie. Pasaba el rato de la comida junto a su habitación, y cada día le llevaba una galleta que dejaba detrás de la puerta de Annie. Annie se acurrucaba en una esquina llena de miedo mientras la enfermera comía fuera. Después, la enfermera volvía a la habitación de Annie a recoger los restos de la galleta aplastada.

Un día la enfermera regresó para limpiar las migas, pero no encontró nada. La galleta había desaparecido y la enfermera sabía que Annie se la había comido. A partir de ese momento, cada día, cuando la enfermera se iba, Annie se comía la galleta.

A medida que fueron pasando las semanas, Annie fue mostrando nuevos cambios. Dejó de temblar en una esquina de la habitación. Salía de su habitación y se sentaba junto a la puerta mientras la enfermera comía. Un día, mientras estaba comiendo, la enfermera vio que Annie salía y cogía la galleta y se la comía. La enfermera supo entonces que a Annie se la podía educar.

Durante los años siguientes, Annie aprendió a comunicarse con el resto del mundo y pasó a ser la mejor estudiante de todo el centro. Cuando cumplió 18 años le dieron el alta y le comunicaron que podía marcharse. Pero Annie no quería irse. Les dijo a los médicos que quería quedarse y ayudar a otras personas con problemas graves de aprendizaje. Annie pasó a ser parte del equipo. Poco después el centro recibió una solicitud de tratamiento. Una niña pequeña necesitaba ayuda. No se podía comunicar ni aprender y tenía tendencias violentas. ¿Podrían enviar a alguien para trabajar en este caso? Así Annie Sullivan empezó a trabajar con la pequeña Helen Keller.

Cuide su aspecto
Use traje, no una chaqueta de sport y una corbata. Póngase camisas blancas, bien planchadas y almidonadas. Lleve corbata o pañuelo. Córtese el pelo justo antes de la feria. Aféitese a con-

ciencia cada mañana. No lleve nada que no vaya bien con el stand. Use azules y grises; denotan profesionalidad, confianza y poder. Otros colores pueden espantar a los visitantes. Utilice calcetines negros (los hombres) y medias transparentes (las mujeres). Cepille sus zapatos cada mañana. Si no hay un lugar para cepillarlos en la feria, hágalo usted mismo. Y como remedio de última hora, lleve un abrillantador de zapatos en el bolsillo.

Repase mentalmente la apariencia de una persona bien vestida y vístase así. Y recuerde que lo que tiene que llamar la atención en una feria son sus productos no su apariencia. El objetivo es llevar algo que los visitantes ni siquiera noten; lo que quiere es que fijen toda su atención en los productos.

Emplee el nombre del cliente

A la gente le gusta escuchar su nombre. Haga que tu interlocutor se sienta importante esforzándose en recordar su nombre, y utilícelo en la conversación de vez en cuando.

En las ferias, la gente siempre trata de mirar a hurtadillas el nombre de la persona en la acreditación. ¿Por qué tanto secretismo? No tiene por qué saber el nombre del visitante, y por lo tanto no está ofendiéndole por mirar en su tarjeta. Sea directo; mire su tarjeta sin disimulo y diga su nombre en voz alta. Si no sabe cómo se pronuncia, pregúnteselo. Aclárele que quiere estar seguro de que pronuncia bien su nombre porque sabe lo importante que esto es para él o ella. La mayoría de los asistentes estarán encantados de enseñarle la pronunciación correcta. Y si resulta ser un nombre especialmente difícil, puede ser una buena forma de arrancar la conversación.

Estudie a su competencia

Si hay un lugar en el que tiene que estar preparado para destacar sobre su competencia, es en una feria. Si compara entre su producto y el de la empresa ABC delante de una visita, puede estar seguro de que el visitante irá al stand de ABC a comprobar la veracidad de sus afirmaciones.

Reúna toda la información que pueda sobre su competencia antes de la feria y compruebe que su personal también la conoce. Por añadidura, asigne a cada miembro de su equipo una o dos empresas de la competencia y pídales que averigüen las últimas novedades. Intente recopilar toda la información que pueda ser de utilidad: precios, comparación sobre productos, condiciones, entrega, transporte, etc. Evidentemente ningún competidor compartirá con usted este tipo de información, y si su vendedor entra en su stand con la tarjeta de su empresa en la solapa…, bueno, sabe lo que podría pasar. La forma de evitar esto es conseguir una segunda acreditación para cada miembro de su equipo. Regístrelos como distribuidores, minoristas, mayoristas, cualquier cosa que logre que su competencia no desconfíe. Consiga toda la información que pueda el primer día y compártala durante la reunión al final del primer día.

Otra forma de conseguir esta información es a través de sus clientes. Ellos le podrán proporcionar una gran cantidad de datos interesantes. Incluso le explicarán cuáles son los puntos positivos y negativos de su competencia, y cómo se diferencia usted de ellos.

¿Cree que siento cierto reparo al explicarle este tipo de trucos porque carecen de ética? En absoluto. Hago este tipo de sugerencias a todos mis clientes y en todas mis conferencias. Además, al mismo tiempo que usted lee estos trucos, también lo está haciendo su competencia. No diga que no le avisé.

Muévase constantemente

Este consejo es por su propio bien más que para mejorar sus ventas, pero es fundamental si su stand es una isla. Caminando de una punta a la otra del stand estimulará la circulación de la sangre de las piernas y los pies. Por supuesto, no me refiero a hacer el recorrido arriba y abajo sin parar; simplemente plantéese recorrer el stand cada cierto tiempo. Estar en pie durante muchas horas seguidas provoca una gran tensión en sus extremidades inferiores. Puede tener calambres en las piernas y sufrirá dolor en los pies durante días. Si hace un poco de ejercicio con periodicidad, se hará a sí mismo un gran favor.

Cuando se tome un descanso, no se limite a ir a algún sitio y sentarse. Dé a sus piernas una oportunidad de moverse. Salga fuera, camine un poco, respire aire fresco. Notará una gran diferencia en su estado general al cabo de cuatro días de feria.

Quienes atiendan un stand deben moverse necesariamente. Su stand puede ser una barricada para los visitantes. Si está en un extremo y los visitantes se aproximan por el otro, es posible que nunca los vea si no se mueve. Quédese en el perímetro del stand y muévase. No permanezca en el mismo lugar durante un rato largo, puede perder de vista a sus clientes completamente.

Sea puntual y esté preparado

Idealmente, nadie debería trabajar en una feria más de cuatro horas al día, pero por desgracia muchas veces no es posible disponer de más de un turno. Muchas veces las empresas sólo se pueden permitir el lujo de enviar uno o dos vendedores, y estos tienen que estar en el stand todo el tiempo. En estos casos, llegar a tiempo significa estar preparado cuando la feria abre.

Incluso si cuenta con un presupuesto modesto, debe proyectar una imagen profesional ante sus clientes y visitantes. He visto con excesiva frecuencia empresas que no están preparadas cuando se abren las puertas. Esto pasa no sólo el primer día, sino cada día. Por alguna extraña razón, hay gente que piensa que no tiene importancia que los visitantes vean desembalar productos guardados el día anterior. Sí importa. Cada acción que haga delante de un posible cliente cuenta. ¿Quiere de verdad proyectar la imagen de alguien que es desorganizado y está poco preparado? ¿Qué tipo de impresión cree que reciben los visitantes cuando ven este tipo de cosas?

Si su stand está listo, llegue a la feria 15 minutos antes de que abra. Guarde su abrigo y maletín y compruebe que el stand esté limpio. Si ha guardado los productos el día anterior, llegue con media hora de antelación para organizarse. Emplee el tiempo que le sobre para prepararse mentalmente para el día. Si tiene que trabajar todo el día de pie, tendrá que preparar su cabeza para mantener una actitud positiva y abierta durante las ocho horas siguientes.

Si su empresa se puede permitir contar con suficiente personal para hacer turnos, asegúrese de que todo el mundo llega al menos quince minutos antes de que empiece su turno. Una buena idea es solapar turnos. Si, por ejemplo, una feria abre de diez de la mañana a seis de la tarde, puede organizar los turnos de la siguiente manera:

9:30 – 12:00	Equipo plata
11:45 – 14:00	Equipo oro
13:45 – 16:00	Equipo plata
15:45 – 18:30	Equipo oro

Este horario tiene en cuenta el tiempo necesario para preparar el stand por la mañana, un solapamiento de quince minutos en cada turno y un tiempo extra al final del día para recoger. A pesar de que pueda parecer que hay mucha gente en ciertos momentos, es mejor pecar por exceso que por defecto.

Sea estricto con el horario. Pida a la gente que sea puntual, y no sea condescendiente con los perezosos. En una feria no hay sitio para quienes no respetan el sistema establecido. He conocido directores de ventas que han decidido mandar a sus casas a determinados vendedores antes de permitir que se convirtieran en una mala influencia para los demás.

Duerma bien

Resulta muy normal que los vendedores se junten por la noche y aprovechen que están fuera de casa para pasarlo bien. No hay problema con esto, pero salir hasta tarde puede perjudicar el resultado de la feria. Una feria es un trabajo muy duro. Su cuerpo está expuesto a una gran presión (pies, piernas, espalda, ojos y la voz). Debe darle a su cuerpo la oportunidad de recuperarse antes del siguiente día de duro trabajo. No se vaya de fiesta hasta las tantas; lo pagará al día siguiente. No puede arriesgarse a perder un cliente por no estar despierto del todo.

Planifique el descanso dentro del calendario de la feria. Dese un tiempo para ir a su habitación y relajarse antes de ir a dormir. Tome un baño o dé un paseo para despejarse. Llévese un buen libro para leer, y no me refiero a un libro de negocios. Dele al lado derecho de su cerebro una oportunidad para calmarse después de la sobrecarga del día. Y duerma bien. Se encontrará mucho mejor al día siguiente.

También hay cierto incentivo personal en ello. Cuando llegue fresco a la feria, podrá pinchar a los vendedores que llegan con resaca. Y si lo piensa bien, quizá pueda también superarles en la venta. Qué idea tan interesante...

Evite el alcohol durante la semana de la feria

El alcohol es un sedante que retarda los procesos mentales y físicos. Hace que su cerebro funcione a cámara lenta. Sus labios dejan de funcionar aunque su boca siga moviéndose. Puede dejar escapar información confidencial sin darse cuenta. Es posible que provoque situaciones embarazosas delante de algún cliente o jefe. Puede despertarse al día siguiente con una resaca tal que no sirva para nada en la feria. Peor aún, quizá sea incapaz de trabajar. Ya hemos dicho que una feria es un trabajo duro, no limite su potencial para triunfar.

Si está con un cliente, beba refrescos o mejor todavía, mucha agua. Las ferias provocan la deshidratación del cuerpo, así que si bebe mucha agua repondrá los fluidos naturales. Y el incentivo es, igual que cuando duerme bien, que se sentirá mucho mejor si no bebe. Tendrá una cierta ventaja en relación con los vendedores que se han pasado la noche explicando viejas batallas en el bar.

Evite las comidas raras o exóticas

Cuando está alejado de su ciudad por una feria no le queda más remedio que comer en restaurantes. Hágale un favor a su cuerpo y no se salga de los alimentos aburridos y sin grasas. La única cosa que acabará encontrando si decide probar algo nuevo o exótico en un restaurante de moda son problemas. Si no está acostumbrado a comer sushi, carne picada de serpiente, o patas de búfalo, no las pruebe. Su cuerpo ya aguanta lo suficiente cuando está de viaje como para alimentarlo con sustancias extrañas.

Nombre un responsable de prensa

Siempre existe la posibilidad de que aparezcan periodistas en su stand en busca de alguna noticia. Quizás estén persiguiendo una información que su empresa les ha avanzado o quizá les interesen los nuevos productos que está presentando en la feria. Es posible incluso, que hayan escogido su stand al azar para las noticias de la noche. En cualquier caso, asegúrese de nombrar un responsable de prensa. Así tendrá la certeza de que siempre se explicará la misma versión. Si permite que cualquier persona del stand hable con la prensa tendrá problemas. Independientemente de que pueda formar a su equipo, la versión siempre será diferente. Además, los periodistas valoran tener una persona determinada para atenderles. Saben que la empresa ha seleccionado una persona para que les dé respuestas, y saben que pueden contactar con esta persona si quieren ampliar la información. La persona designada debe conocer exactamente la información facilitada a la prensa y seguir esas mismas pautas.

Le propongo una serie de consejos proporcionados por Marilyn Hawkins, propietaria de Hawkins and Company, una agencia de comunicación y marketing radicada en Seattle:

* Escuche tanto como habla. Trate de comprender las cuestiones planteadas por el periodista.
* Sea amable y ameno; evite estar a la defensiva o distante.
* Explique sus puntos fundamentales de una manera sencilla e insista sobre ellos.
* No divague. Ofrezca su información y deténgase.
* Si es necesario, dedique tiempo a educar al periodista, pero hágalo sin caer en la condescendencia.
* Facilite titulares. Piense en frases que llamen la atención y en párrafos que sirvan de introducción.
* No mienta nunca ni confunda de forma intencionada.
* No haga declaraciones *off the record*, a no ser que posea una gran experiencia con la prensa.
* Evite difamar a nadie. Si la entrevista trata sobre una persona en concreto, no pierda el hilo hablando de otras personas o temas, sobre todo negativamente.
* Si no entiende la pregunta del periodista, no intente contestarla. Pida amablemente una clarificación.
* No dé armas al periodista para que pueda crucificarle.
* Si no conoce la respuesta a una pregunta, admítalo. Ofrézcase a conseguir una respuesta lo antes posible, después asegúrese de que lo cumple.
* Evite por todos los medios las palabras «sin comentarios».

Existe un millón de maneras para evitar una pregunta difícil antes de sacar la bandera blanca.

- Al final de la entrevista, pregúntele al periodista si él o ella dispone de toda la información necesaria.
- Si el reportaje es positivo, envíele una nota de agradecimiento al periodista.

Lleve bien puesta la acreditación en todo momento

La mayoría de las personas son diestras, así que de forma automática colocan su acreditación en el lado izquierdo de su chaqueta o blusa. En una feria se trata de eliminar todas las dificultades para que un visitante pueda leer su nombre, pero eso es lo que conseguirá si coloca su identificación a la izquierda. Llévela en el lado derecho, cerca del cuello. La explicación es que estrechamos la mano con nuestra derecha. Al hacerlo, el hombro derecho se inclina hacia la persona y el izquierdo se aleja. Una identificación colocada en el lado derecho se acerca a su interlocutor. Además, si la coloca a cierta altura, facilitará la lectura por parte del visitante.

Mantenga su stand limpio

Hay tres cosas que un visitante observa inmediatamente en todos los stands: el diseño en general, el equipo humano y la apariencia del stand. Incluso si dispone de un servicio de limpieza que pasa cada noche o durante el día periódicamente, el stand se puede ensuciar o desordenar. Acostúmbrese a repasar su stand permanentemente. Vacíe los ceniceros y las papeleras; despeje el espacio de folletos o materiales impresos; guarde los abrigos y maletines fuera del alcance de la vista; y recoja los vasos o restos dejados por las visitas. Quizá sea buena idea nombrar un responsable de mantener el stand limpio por cada turno. De esa forma todo el mundo participará en una actividad que puede parecer de poca monta, pero que es importante.

Hasta ahora he remarcado muchas pequeñas cosas que se deben tener en cuenta durante una feria, detalles que marcan la diferencia entre el éxito y el fracaso. Hay una sentencia muy sabia que dice: «Los triunfadores acostumbran a hacer las cosas que los perdedores detestan hacer».

Mientras esté despierto, está trabajando

Uno de los grandes mitos en relación con las ferias es que son como unas vacaciones. Las ferias, independientemente de dónde se celebren, no son unas vacaciones. Si se cuidan como es debido, son un trabajo duro. Los horarios son largos. Te pasas muchas horas en pie. Conoces a cientos, quizá miles de extraños, fuera de tu ambiente. Comes mal y fuera de horas; los servicios de comidas en las ferias nunca han alcanzado la fama por su calidad. Sufres dolores de cabeza por el exceso de trabajo mental. Te molestan los ojos por la iluminación; eso si no tenemos en cuenta el humo en el recinto. Te tiemblan las manos después de estrechar otras manos durante todo el día. Estás agotado de dar la misma presentación una y otra vez. Acabas perdiendo la paciencia con los pelmazos que sólo se dedican a robar tu tiempo haciéndote preguntas tontas, sin mencionar a los menores de diecioho años que se cuelan en la feria.

Las ferias no son un premio, pero pueden dar grandes satisfacciones. Es posible que generen suficiente actividad para los siguientes meses o incluso años. La clave es que en una feria, mientras está despierto está trabajando. Durante la semana que dura una feria, no hay horario. No se trata de un trabajo de 10 de la mañana a 6 de la tarde, tras el cual te vas a cenar con tus colegas. Debe aprovechar cada oportunidad para contactar con sus clientes o compradores potenciales. Desayune con un cliente, llévelo en su coche a la feria, o si no dispone de uno, comparta un taxi. O por lo menos siéntese al lado de un comprador en el autobús.

Cuando hace un descanso en la feria, ese descanso no supone dejar de trabajar, simplemente es una pausa para sentarse. Invite a un café a un cliente potencial. Quede para tomar algo con un posible comprador cuando cierre la feria. Y, por supuesto, aproveche la cena para ver a alguien importante. Su descanso llega después de la cena, en su habitación.

Si este planteamiento le desanima, no lo consienta. Se trata sólo de unos pocos días. ¡Ante la posibilidad de desarrollar el negocio, puede sacrificarse unos días!

Contemple la posibilidad de alquilar un espacio en un hotel

Hay dos razones para contratar un espacio en un hotel durante una feria. La primera es alargar el horario de la feria misma. La segunda es mostrar un prototipo de un producto tan novedoso que no quiere arriesgarse a que lo vea la competencia. Este tipo de alquiler es uno de los dispendios más habituales y costosos entre los gastos de las ferias. Por eso es muy importante garantizar su éxito cuando alquile un espacio. Aquí tiene algunas consideraciones sobre este tipo de gastos.

Marque unos objetivos específicos que sean coherentes con sus objetivos para la feria. Muchas empresas se limitan a organizar una gran fiesta. Estos eventos suelen ser muy caros y roban tiempo y exigen una planificación que le distrae de sus objetivos generales. ¿Quiere hacer demostraciones privadas y más exhaustivas de un producto nuevo delante de posibles compradores? ¿Quiere ofrecer un ambiente más relajado para mostrar sus productos delante de algunos clientes especiales? ¡De acuerdo! Alquile un espacio en un hotel. ¿Quiere impresionar a los amigos, la prensa y a los enemigos? Entonces organice una fiesta sin más.

Tenga siempre sus productos expuestos. ¿Para que quiere gastarse el dinero en ese espacio, la comida y los refrescos si no los muestra? Por desgracia, esto ocurre todo el tiempo.

Marque unos horarios razonables para la atención de ese espacio y cúmplalos. No es necesario que esté abierto toda la noche. Dará una imagen mucho más profesional si anuncia que estará abierto durante ciertas horas. Por ejemplo, si la feria cierra a las seis, puede abrir su espacio de seis a ocho. De esa manera podrá cenar a una hora razonable.

Haga sus reservas con antelación

Mi amigo Phil Wexler, coautor del popular libro *Non-Manipulative Selling* me dio esta idea. Cuando estás en una ciudad extraña donde se celebra una feria, buscar un sitio para cenar puede resultar un problema. De hecho, durante algunas de las más importantes, puedes no encontrar sitio en ningún restaurante hasta muy tarde. Si reservas con antelación te evitas este problema.

Phil recomienda hacer las reservas hasta con seis meses de antelación. Reserva para una hora aceptable, como las 20:30 por ejemplo. Cuando invite a clientes y compradores a cenar, parecerá que tiene muchas influencias.

Si no sabe a qué restaurante acudir, hay diferentes fuentes que puede consultar. Llame al conserje de su hotel y pídale una lista de restaurantes de moda. Algunas revistas publican cada año una lista de los mejores restaurantes. Las guías de viajes también ofrecen listas de buenos restaurantes en cada ciudad. Sin embargo, la mejor forma de buscar un buen sitio para comer es preguntar a algún conocido que viva en esa ciudad.

Por último, tenga en cuenta tanto a su personal como a los invitados a la hora de hacer las reservas. Una buena regla es multiplicar por dos el número de personas de su equipo.

Estudie a la competencia

En *El arte de la guerra*, Sun Tzu dice:

> Lo que le permite a un buen general avanzar y conquistar y alcanzar objetivos que no están al alcance de los hombres ordinarios es la anticipación. Este conocimiento no se obtiene por inducción de la experiencia, ni del cálculo deductivo... Las intenciones del enemigo se pueden anticipar a través de espías, y sólo de espías.

En el mundo de los negocios de hoy en día, no basta con conocer su propio producto y conocer las necesidades del consumidor. También necesita tener un conocimiento profundo de su competencia. Las ferias son oportunidades únicas no sólo porque los compradores vienen a usted, sino también porque su competencia está al otro lado del pasillo. Es una excelente oportunidad para hacer un estudio de mercado de primera mano y recopilar información. Espíe. Tómese su tiempo para recorrer la feria exhaustivamente.

Ya me he referido a la posibilidad de que su equipo visite los stands de la competencia. Ahora daré unas pautas más específicas sobre lo que se debe buscar cuando se recorre una feria.

Una de las razones por las que está en la feria es para averiguar todo lo que pueda sobre su competencia. Tome la iniciativa y acérquese a ellos. No existe ninguna ley que prohíba entrar en un stand y mirar sus productos y sus folletos.

No resulta extraño ver a gente que se comporta como si toda la feria fuera suya. Actúan como si todo el pabellón fuera su casa y toda la información estuviera a su disposición. Hacen fotografías de todo y en todas partes. A veces, alguien les llama la atención, pero eso ocurre con poca frecuencia.

Coja una cámara y un cuaderno de notas y dedíquese a recopilar toda la información que pueda. Detecte las diferencias con sus productos, sus vendedores, su stand, sus folletos, su percepción del consumidor y sus tácticas de marketing previas a la feria y su influencia sobre los resultados. (Este último punto no tiene necesariamente que hacerse en la feria, pero debe tenerse en cuenta a la hora de recopilar la información.)

Una vez que haya reunido toda esta información, debe evaluar las diferencias formulando las siguientes preguntas: ¿Es la diferencia favorable o desfavorable? ¿Qué produjo esa diferencia y cuándo? ¿Qué influencia tiene esta diferencia sobre la percepción que se han hecho de usted sus clientes? ¿Cómo puede actuar respecto a esas diferencias, y cómo puede responder su competencia? Si existe una gran ventaja a su favor, ¿resulta fácil para su competencia contrarrestarla? ¿Cómo puede mantener esa ventaja? ¿Durante cuánto tiempo? ¿Puede aumentar esa ventaja? Además de su competencia, ¿qué otros factores pueden alterar esa ventaja?

Quizá no disponga del tiempo necesario para escaparse durante la feria para recopilar esta información. En ese caso, intente llegar temprano a la feria y recórrala sin que nadie le moleste. De todas formas, este es el mejor momento para hacerlo casi siempre. No hay nadie en los stands y todos los productos están expuestos para que pueda observarlos sin interrupciones.

Este tipo de datos será de gran utilidad no sólo para las próximas ferias, sino que será muy valioso para definir su estrategia de marketing. Así que, a poco que pueda, no deje escapar esta gran oportunidad para reunir información. Si no puede profundizar en todo ello, al menos plantéese estos interrogantes mientras recorre la feria. ¡Consiga algo por lo menos!

Hágase una impresión general de la feria

Mientras esté recorriendo la feria, hágase una idea general de la misma. ¿Está el ambiente animado? ¿Parecen los expositores contentos? ¿Los stands son nuevos o reutilizados? ¿Están las empresas invirtiendo en esta feria en concreto? ¿Es alto el número de visitantes? Si la feria está patrocinada por alguna asociación, póngase en contacto con algún representante. ¿Opinan que el sector está en alza, o que la feria es deprimente? ¿Están los pasillos vacíos? ¿Escucha por megafonía algo como: «¡Comprador en el pasillo 3.000!, ¡Comprador en el pasillo 3.000!», y una masa de expositores corriendo detrás para atraparlo?

Busque ideas novedosas en el diseño de stands. ¿Qué stand le gusta y por qué? ¿Qué ideas nuevas ha descubierto que pudiera utilizar en las próximas ferias? ¿Cuáles son los stands con más público y que exponen? ¿Qué tendencias nuevas descubre en esos stands? ¿Por qué hay más público en unos stands que en otros? ¿Es porque tienen modelos de *Playboy* firmando autógrafos o es que ofrecen buenas oportunidades para hacer negocios?

El equipo de supervivencia para una feria

Le recomiendo no olvidar lo siguiente:

- Tarjetas de visita (cinco veces más de las que piensa necesitar).
- Papel, sobres y bloc de notas de la empresa.
- Spray bucal (no caramelos ni chicle).
- Bolígrafos y marcadores.
- Su agenda o dietario de bolsillo.

- Plantillas del Dr. Scholl (confíe en mí, sus pies notarán la diferencia).
- Zapatos cómodos (este no es el mejor lugar para estrenar un par de zapatos).
- Cinta adhesiva y clips.
- Sobres grandes y etiquetas para los sobres.
- Cheques de viaje y tarjeta de crédito para los pagos en la feria.
- Polvos de talco (de nuevo, confíe en mí; póngaselos cada mañana por todo el cuerpo y se sentirá mucho más fresco durante todo el día).
- Repuestos del material de oficina.
- Abrillantador de zapatos.
- Tiritas.
- Aspirinas o analgésicos sin aspirina.
- Antiácidos.
- Gafas de sol.
- Grapadora de bolsillo, grapas, y quitagrapas.

8

Seguimiento posterior a la feria: cerrar el círculo

La feria se acaba; éxito rotundo para su empresa. Se preparó exhaustivamente. El personal del stand estaba formado; ha obtenido un gran número de contactos comerciales interesantes. El stand ha conseguido atraer a montones de clientes y a oleadas de compradores potenciales. Todos han alabado su stand y su profesionalidad. Todo el mundo ha vuelto a casa extenuado pero con un gran número de contactos y satisfecho.

Después de trabajar hasta el límite durante una semana, ¿puede relajarse? Ha hecho un gran trabajo en la fase uno, la planificación previa a la feria. Ha obtenido un resultado sobresaliente en la fase dos, la feria en sí. Pero aún queda la fase tres: el seguimiento posterior a la feria y la evaluación.

La rutina de siempre

John Smith regresa a la oficina después de una semana de trabajo en la Feria MegaTron de Las Vegas. Está agotado, pero sabe que tiene una pila de correspondencia atrasada y una docena de llamadas que tiene que responder. Se sumerge en el correo, y comienza a repasarlo con entusiasmo. Un compañero pasa por su despacho para saber cómo le ha ido la feria.

«Estupendamente», contesta John. «Hemos trabajado duro, pero habremos conseguido más de 600 nuevos contactos.» Le cuenta un par de batallas; el compañero se va y John regresa a su correspondencia y sus llamadas telefónicas.

Esta rutina continúa durante un día o dos, hasta que John se entera de que tiene que participar en una nueva campaña de ventas. Además, el nuevo catálogo de productos de ese año se está retrasando. También tiene que asistir a varias reuniones de planificación estratégica con la alta dirección. Y además le espera el viaje a la Región Tres para la presentación formal a aquel distribuidor tan importante. John tiene la impresión de haber olvidado algo que le inquieta, pero a medida que van pasando los días, se diluye.

¿Le suena? De acuerdo, lo he inventando para que encaje en el argumento del libro. Es una licencia literaria. Sin embargo, me apuesto cualquier cosa a que refleja la realidad en la mayoría de los casos. ¿Qué es lo que John tiene pendiente? ¡El seguimiento de los 600 contactos! Las entrevistas realizadas en una feria están calientes y cada día que pasa se enfrían un grado o dos.

Yo suelo realizar una encuesta, informal y poco científica. Suelo preguntar a los asistentes su impresión sobre la feria. También les pregunto cómo les va el seguimiento. Las personas con las que suelo hablar son compradores. Los resultados de los últimos años han sido desalentadores, por no decir ridículos. Por ejemplo, estoy escribiendo esto unas pocas semanas después de la Feria de Otoño de Comodex, en Las Vegas. Esta es una feria importante, que cuenta con varios miles de expositores ocupando 100.000 metros cuadrados y con más de 180.000 visitantes. La gente, en general, se toma esta feria con gran seriedad; menos los expositores. He hablado con tres visitantes de la feria, tres compradores reales de productos de alta tecnología. Calculan que entre los tres se detuvieron y solicitaron información a más de 300 empresas. Pero hasta la fecha, sólo han recibido cuatro respuestas. ¡Después de cinco semanas, representa menos del 2%! Aquí hay algo que no funciona. De hecho, la pregunta que me formulaban cada una de esas tres personas es ésta: «Si esos expositores no tenían la intención de tomarse la molestia después de hacer un seguimiento a tiempo, por qué me tengo yo que preocupar en asistir?» Yo estoy de acuerdo.

La primera razón para exponer en una feria es el seguimiento posterior. Uno de los objetivos fundamentales de una feria es conseguir nuevos contactos comerciales. Esos contactos son de capital importancia después de la feria.

La teoría del seguimiento de Steve Miller

Un seguimiento efectivo empieza con la planificación previa a la feria

Esta idea tan sencilla le ahorrará mucho tiempo después de la feria. Redacte su carta de seguimiento antes de marchar, como parte de la planificación previa a la feria. Guárdela en su ordenador, dejando espacio para poner el nombre y dirección del destinatario, y un espacio para algún comentario personalizado; si ha llenado el formulario de contacto como es debido dispondrá de esta información. Si incluye algún comentario relativo a algo que hablaron en la feria, el receptor no se dará cuenta de que está recibiendo una carta estandarizada. Cuando haya regresado de la feria, pase los contactos obtenidos a las personas que vayan a hacer el seguimiento.

La regla del seguimiento en 48 horas

Existen dos escuelas de pensamiento en relación con el esquema temporal del seguimiento. Ya hemos hablado de la Escuela del Infinito. Para esta escuela no existe un límite temporal y puede hacer el seguimiento en cualquier momento. La segunda escuela de pensamiento es bastante nueva. Es la escuela «Gastemos Toneladas de Dinero y Hagamos Llegar la Información al Cliente Potencial Antes Incluso de que Llegue a su Despacho; Quedará Impresionado». Según este sistema, usted envía por mensajero cada día a su oficina los contactos realizados; allí preparan paquetes de información con sus correspondientes cartas, que salen también por mensajero para su entrega al día siguiente. (Espero que disponga de un buen presupuesto.)

Debo admitir que si tuviera que elegir entre la Escuela del Infinito y la Escuela GTDHLICPAILD;QI, escogería la segunda. Pero tampoco es lo suficientemente buena. Aparentemente puede parecer una buena idea, pero hay una característica de la naturaleza humana que no se tiene en cuenta. Después de varios días fuera de la oficina, seguro que encontrará dos cosas sobre su mesa. Una pila de medio metro de altura con correspondencia atrasada y un montón de mensajes telefónicos. Una persona normal no quiere pasar más que el tiempo justo con esas pilas. En consecuencia, él o ella se desharán de ellos, separando lo necesario de lo accesorio hasta llegar al final. No podrá dedicar una gran atención a cada elemento de la correspondencia, aunque sea roja, blanca y azul, y lleve el sello de urgente. El repaso será rápido. Sólo le dedicará unos pocos segundos a cada carta; eso en el mejor de los casos.

Con toda sinceridad, no me gustaría que mi paquete urgente estuviera en esa pila. Por todo esto proponga lo que yo llamo la regla del seguimiento en 48 horas. La regla de las 48 horas es un sistema simple y efectivo para contactar a los clientes potenciales en un momento adecuado. El objetivo es que el paquete con la información no llegue antes de las 48 horas posteriores a la feria, y no más tarde de esas 48 horas. Mírelo como una «ventana» de 48 horas. (*Nota:* La regla de las 48 horas se calcula sobre días laborables y no incluye los fines de semana o festivos.)

Hay cuatro razones para seguir este plan:

Visibilidad. No acaba en una gran pila de correo. Y como acabo de explicar, la gente suele estar unos dos días repasando su correo y sus mensajes. Envíe su paquete para que llegue a su despacho después de que la pila haya desaparecido.

Memoria. La feria está aún fresca en la memoria del cliente. Sólo han pasado un par de días y si ha conseguido una buena entrada con el cliente, él o ella le recordarán.

Credibilidad. Le dijo a su interlocutor que le enviaría la información inmediatamente, y lo ha hecho. Ha dejado huella en su cliente con su profesionalidad y seriedad.

Accesibilidad personal. Le da una excusa para hacer una llamada de seguimiento. Una vez que ha enviado la información de una forma tan puntual, ahora puede llamar a su cliente para confirmar que la ha recibido.

El seguimiento 5/10/20/40

Una vez que ha enviado la información para su recepción justo 48 horas después de la feria, puede hacer una llamada personal en el momento adecuado. A menos que haya acordado un encuentro personal, esa llamada es lo mejor que puede hacer.

Cinco días después de la feria, el paquete con su información está ya en poder de su cliente potencial. Llámele y pregúntele si la ha recibido. Remarque el hecho de que prometió que se la enviaría y que ahora quiere asegurarse de que la ha recibido.

Si ha recibido el material, pregúntele con educación si ha tenido tiempo de mirarla. Si es así, intente concertar una cita telefónica para hablar de cómo pueden trabajar juntos a partir de ahora. No piense que por el hecho de poder hablar con el cliente, dispone del tiempo suficiente para hablar con usted en ese preciso instante. Sea amable y proponga una conversación cuando mejor le vaya. Si ha recibido la información pero no ha tenido tiempo de mirarla, dígale con confianza que le volverá a llamar dentro de una semana para contestar a cualquier pregunta que pudiera tener. Esto le pondrá una cierta presión para estudiar la información. Si no ha recibido el paquete, dígale simplemente que está seguro de que lo recibirá en un par de días y que volverá a llamar en una semana. Una vez más, recuerde concertar una cita telefónica.

El objetivo del Seguimiento 5/10/20/40 es hablar con su contacto a los cinco días laborables de la feria, después a los 10, 20 y 40 días. Después del día 40 ya sabrá qué pensar exactamente. Esto no quiere decir que tenga que hablar cuatro veces con él necesariamente. Si cierra un acuerdo durante la segunda llamada, no necesita seguir. Por supuesto que un buen servicio de atención al cliente es imprescindible, pero este es otro asunto.

Lo bueno del Seguimiento 5/10/20/40 es que en un breve plazo de tiempo ya conoce sus posibilidades. Si ese cliente potencial tiene una necesidad y un deseo, sabe que lo perseguirá hasta que tenga el pedido. Si, por cualquier razón decide que no encaja como futuro cliente, puede dejar de perder el tiempo con él.

Un objetivo añadido que tengo dentro de este marco temporal es conseguir el nombre de otro posible cliente potencial. Después de conocernos en la feria y de hacer el seguimiento, normalmente consigo establecer una buena relación con mis interlocutores. Esta buena relación me permite pedirles referencias, independientemente de que hagamos negocios juntos o no. De hecho, aquellos con los que no trabajo tienen un sentimiento de responsabilidad para ayudarme por el tiempo que he dedicado a establecer nuestra relación.

Recuerde que las tres fases en el proceso de una feria son el antes, el durante y el después. Su objetivo cuando emplea de una forma efectiva el marketing previo a la feria es atraer a sus clientes y compradores potenciales a su stand. Más adelante, a través de las técnicas de venta y presentación en la feria consigue dar un paso más. Por último, con un seguimiento a tiempo y efectivo posterior a la feria, consigue completar las tres fases de una manera sinérgica. Ha transformado lo que era un evento de dos, tres, cuatro o cinco días en una efectiva campaña de marketing de cuatro o cinco meses.

Valorar el éxito

Hacer una valoración se suele considerar la parte más difícil del marketing de las ferias. Sin embargo, si se ha propuesto unos objetivos cuantificables desde el principio como los presentados en el capítulo 2, esta será la tarea más fácil.

Existe también otro método que le ayudará a valorar el éxito de una feria fácil y efectivamente. Es básicamente un proceso con tres partes que exige que marque unos objetivos cuantificables en tres períodos de tiempo: inmediatamente después de la feria, 6 meses después y una vez más, 12 meses más tarde. Con este sistema lo único que tiene que hacer es comparar los resultados de la feria con los objetivos marcados.

Pongamos por caso que sus tres objetivos eran:

Inmediato: 500 contactos
6 meses: 20 clientes nuevos
12 meses: 20 nuevos clientes más

Esto significa que confía en acabar la feria con 500 contactos reales. Después, que espera transformar esos contactos en 20 clientes nuevos y que después de 6 meses más, espera 20 nuevos compradores directamente relacionados con la feria.

Este es un proceso bastante sencillo y exige sólo un formulario del perfil del cliente en el que se incluya el origen del contacto. Debería disponer de este perfil de todas formas. Es importante saber si un cliente nuevo llega a través de las campañas por correo, las referencias de otros clientes, las llamadas a puerta fría o las ferias. Este tipo de información le permite saber dónde tiene que hacer más hincapié en su plan de marketing.

Es posible que algunos de sus objetivos sean más difíciles de medir, pero debe hacer el esfuerzo de todas maneras. Por ejemplo, imagine que quiere crear una nueva imagen corporativa con un logotipo renovado. Ha diseñado su stand para llamar la atención sobre su nueva imagen, así que su objetivo es conseguir que pase el máximo número de personas por su stand. También quiere saber quiénes son, pero no dispone de suficiente personal para clasificarlos a todos. Ofrece algún tipo de incentivo para animarles a dejar sus tarjetas de visita, como el sorteo de un viaje a Hawai. Cuando cuente el número de tarjetas reunidas, sabrá el número de personas que han pasado por su stand. Este número equivaldrá al número de personas que han visto su nuevo logotipo. Más tarde, después de la feria, haga una campaña de marketing telefónico para conseguir dos objetivos: saber la impresión que ha causado su nuevo logotipo e identificar a nuevos clientes potenciales. De esta forma no sólo está cuantificando un objetivo cualitativo, sino que también está ampliando el número de contactos reales.

Aunque sus objetivos para una feria no sean ninguno de estos, es imprescindible que defina algunas metas sobre el papel para realizar una evaluación posterior a la feria. Muchas empresas nunca evalúan sus ferias y eso es un gran error. Igual que cualquier otro componente de su plan de marketing, necesita valorar el éxito o fracaso de una feria.

La decisión de volver a exponer

La mayoría de las empresas confirman su asistencia a una feria cuando les parece que ha sido provechosa. Teniendo en cuenta que muchas empresas no evalúan el éxito o fracaso de la feria más allá de vagas impresiones, esto puede suponer un grave error.

Cada vez que tenga que decidir asistir o no a una feria, aunque haya expuesto allí durante años, tiene que considerar cuál es la mejor alternativa. Las empresas cambian, las modas cambian, los sectores evolucionan. Cuando piense asistir a una feria, relea el capítulo 2 y utilice las pautas de selección. Después diríjase a cuatro fuentes más para conocer sus puntos de vista.

Clientes
Pregúnteles si piensan que esa feria sigue siendo necesaria. Le dirán lo que piensan. Algo puede haber cambiado en la feria a lo largo de los años de tal forma que sus clientes piensen que ya no le aporta nada.

Personal
Quienes trabajan en la feria la conocen. Deberían saber si esa determinada feria es útil para usted o no.

Competencia
Su competencia es una valiosa fuente de información. Si una feria se está alejando de sus objetivos originales, es posible que también se esté apartando de los de su competencia. Si tiene una buena relación con ellos, pídales su opinión.

Revistas especializadas
Las revistas especializadas saben lo que pasa en el sector. Si una feria se encuentra con problemas, o su mercado está cambiando, las revistas lo sabrán. Ellos pueden proporcionarle su opinión acerca de exponer o no.

Las ferias son caras y absorben una gran cantidad de tiempo. No tome ninguna decisión arbitraria a la hora de exponer simplemente porque le parezca correcta. Sea intransigente en su empeño de tomar una decisión inteligente. Después de todo, se trata de su dinero y su tiempo.

¡Permanezca alerta!

Aunque el sector de ferias es enorme, con un gasto estimado de 65.000 millones de dólares anuales, creo que estamos llegando a una encrucijada. Cada día se desarrollan nuevas armas para conseguir un marketing más efectivo. Las empresas se están haciendo cada vez más sofisticadas y son cada vez más exigentes en cuanto a sus resultados. Las ferias tienen que producir resultados, y no limitarse a ofrecer visibilidad.

Las nuevas técnicas informáticas, las presentaciones audiovisuales, las técnicas de venta, la comunicación y el seguimiento de clientes potenciales están consiguiendo que las ferias sean más efectivas y eficaces. También aumentan su valor, haciéndolas más importantes.

No se pierda en la masa de gente que sigue la misma ruta en cuanto a la participación en ferias. Utilice los métodos y técnicas descritas en este libro y esté atento a la aparición de nuevas herramientas. ¡Consiga que su equipo informático recopile y siga los contactos obtenidos en una feria! ¿Aprovecha Internet a través de las comunicaciones *online* con sus vendedores, clientes y compradores potenciales? ¿Aparece su dirección de correo electrónico en su tarjeta de visita? ¿Ha estudiado las nuevas posibilidades que ofrecen las empresas de diseño de stands, en lo relativo a construcciones ligeras, diseños modulares, representaciones en CAD, y nuevos procesos fotográficos? ¿Ha incorporado técnicas multimedia en las presentaciones en su stand? ¿Dispone de medios para comunicarse con eficacia con todos los visitantes, incluyendo a los procedentes de otros países? ¿Cree que la realidad virtual representará el fin de las ferias? (Yo no.) ¿Dispone de un ordenador portátil en su stand para introducir todos los contactos obtenidos y enviarlos directamente vía módem a su oficina?

Seguro que el sector de ferias seguirá creciendo y evolucionando en este nuevo siglo. La tecnología hará que cambien mucho, pero no provocará su desaparición. Como dijo John Naisbitt en *MegaTrends*: «Cuanto más nos envuelva la tecnología, más necesitaremos el contacto humano». Las ferias continuarán aportando esa oportunidad para aproximarse y tocar a alguien.

Las ferias son caras. Exigen mucho tiempo si se quiere prepararlas bien. Pero si invierte ese tiempo y dinero sabiamente y con resolución, puede conseguir que las ferias sean su herramienta de marketing más efectiva.

Apéndice

Dónde encontrar información

Estas son algunas fuentes donde conseguir más información:

ICEX
Instituto Español de Comercio
Exterior
Paseo de la Castellana, 14-16
28046 Madrid
Tel. 91 349 61 00
Fax 91 431 61 28
Centro de Información
902 349 000

Instituto de Turismo de España
TURESPAÑA
José Lázaro Galdiano, 6
28036 Madrid
Tel. 91 343 35 00
Fax 91 343 34 72
Web www.tourspain.es

Asociación de Ferias Españolas
– Spanish Trade Fairs
General Pardiñas, 112 Bis 1º C
28006 Madrid
Tel. 91 562 10 22
Fax 91 564 42 73

Web www.afe.es/
Correo electrónico
info@afe.es

AIMFE
Asociación Española de Marke-
ting Ferial
Paseo de la Castellana, 210, 8.º 1
28046 Madrid
Tel. 91 359 66 86
Fax 91 359 12 38
Web www. aimfe.com
Correo electrónico
información@aimfe.com

Departamento de Industria, Co-
mercio y Turismo
GENERALITAT DE CATA-
LUNYA
Diari Oficial i de Publicacions
Calàbria, 147
08015 Barcelona
Tel. 932 92 54 03
Fax 932 92 54 31

Consulta de organismos
Web de la Generalitat de Catalunya www.gencat.es

EVENTOPLUS
Web www.eventoplus.com
Tel. 932 72 09 27
Correo electrónico
info@eventoplus.com
prov@eventoplus.com

Federación de Gremios de Editores de España
Cea Bermúdez, 44 – 2.º dcha.
28043 Madrid
Tel. 91 534 51 95
Fax 91 535 26 25
Web
www.federacioneditores.org

Correo electrónico
fgee@fge.es

Fira de Barcelona
Avenida Reina María Cristina, s/n
08004 Barcelona
Tel. 902 233 200
Fax 932 33 21 98
Web www.firabcn.es
Correo electrónico
Administración
administracio@firabcn.es
Congresos congresos@firabcn.es
Departamento internacional internacional@firabcn.es
Información info@firabcn.es
Logística logistica@firabcn.es

Salón	e-mail
Alimentària	alimentaria@firabcn.es
Graphintro	graphintro@firabcn.es
Antiquaris	anticuarios@firabcn.es
Hispack	hispack@firabcn.es
Artexpo	artexpo@firabcn.es
Hostelco	hostelco@firabcn.es
Automóvil	automovil@firabcn.es
Liber	liber@firabcn.es
Barco	barco@firabcn.es

Maquitec	maquitec@firabcn.es
Barnajoya	barnajoya@firabcn.es
Mostra (maquinària per a la confecció)	mmc@firabcn.es
BIT	bit@firabcn.es
Motorpro	salonmotorpro@firabcn.es
BNF	bnf@firabcn.es
Motoshow	motoshow@firabcn.es
Caravaning	caravaning@firabcn.es
Nàutic	nautic@firabcn.es
Construmat	construmat@firabcn.es
Nivalia	nivalia@firabcn.es
Ecomed Pollutec	ecomedpollutec@firabcn.es
Novajoia	novajoia@firabcn.es
Ensenyament	ensenyament@firabcn.es
Ocasión (abans MVO)	ocasion@firabcn.es
Equiplast	equiplast@firabcn.es
Pielespaña	pielespana@firabcn.es
Equus Catalònia	equus@firabcn.es
Piscina	piscina@firabcn.es
Eurosurfas	eurosurfas@firabcn.es
Rehabitec	rehabitec@firabcn.es
Eurotèxtil	eurotextil@firabcn.es
Serigraph	serigraph@firabcn.es
Expoaviga	expoaviga@firabcn.es
Setmana digital	semanadigitalbcn@firabcn.es
Expodidàctica	expodidactica@firabcn.es
Sizoo	sizoo@firabcn.es
Expofryc	expofryc@firabcn.es
Sonimag	sonimag@firabcn.es
Expohogar	expohogar@firabcn.es
Sonimagfoto	sonimagfoto@firabcn.es
Expomatex	expomatex@firabcn.es

Sport   sport@firabcn.es
Expominer   expominer@firabcn.es
Tecnoalimentaria   tecnoalimentaria@firabcn.es
Expoquimia   expoquimia@firabcn.es
Tecnomeeting   tecnomeeting@firabcn.es
Exporta   exporta@firabcn.es
Turisme   turisme@firabcn.es
Festival de la Infància
i la Joventut   infancia@firabcn.es

IFEMA
Feria de Madrid
Parque Ferial Juan Carlos I
28067 Madrid – Tel. 91 722 52 46 – Fax 91 722 57 99
Web www.ifema.es
Correo electrónico
Dirección de Ifema infoifema@ifema.es
Dir /Depto. de Prensa prensa@ifema.es
Dir /Depto. de Convenciones convenciones@ifema.es
Dir /Depto. de Servifema servifema@ifema.es

FERIAS

Salón	**e-mail**
Almoneda	almoneda@ifema.es
Arco	arco@ifema.es
Aula	aula@ifema.es
Bisutex	bisutex@ifema.es
Broadcast	broadcast@ifema.es
Climatización	climatizacion@ifema.es
Decotec	decotec@ifema.es
ExpoOptica	expooptica@ifema.es
Expodental	expodental@ifema.es
Expofranquicia	expofranquicia@ifema.es

Exponáutica	exponautica@ifema.es
Exporta	infoexporta@ifema.es
Feria Internacional del Mueble de Madrid	mueble-madrid@ifema.es
Feriarte	feriarte@ifema.es
Fiaa	fiaa@ifema.es
Fitness	fitness@ifema.es
Fitur	fitur@ifema.es
Fotoshow	fotoshowmadrid@ifema.es
Genera	genera@ifema.es
Horeq	horeq@ifema.es
Iberjoya	iberjoya@ifema.es
Iberpiel/Marroquinería	iberpielm@ifema.es
Interdidac	interdidac@ifema.es
Intergift	intergift@ifema.es
Intersicop	intersicop-madrid@ifema.es
Liber	liber@ifema.es
Madrid por la Ciencia	madridporlaciencia@ifema.es
Manual	manual@ifema.es
Manutec	manutec@ifema.es
Matelec	matelec@ifema.es
Modacalzado	modacalzado@ifema.es
Motortec	motortec@ifema.es
Ofitec	ofitec@ifema.es
Pasarela Cibeles	cibeles@ifema.es
Piedra	piedra@ifema.es
Salón Canal Multiprecio de Madrid	multiprecio@ifema.es
Salón de la Creación de Empresas	salondelemprendedor@ifema.es
Salón de la Moto de Madrid	moto@ifema.es
Salón del Automóvil de Madrid	automovil@ifema.es
Salón del Vehículo de Ocasión	vehiculo-ocasion@ifema.es

Saber	saver@ifema.es
Semana Internacional de la Moda	semanamoda@ifema.es
Semana de la Alimentación de Madrid	alimentacion-madrid@ifema.es
Sicur	sicur@ifema.es
Simo TCI	simo@ifema.es
Tecma	tecma@ifema.es
Tem	tem@ifema.es
Textilmoda	textilmoda@ifema.es
Trafic	trafic@ifema.es
Veteco	veteco@ifema.es

OTRAS FERIAS

Bébes y Mamás	bbcenter@bbcenter.es
Construtec	isg@cempresarial.com
Eurovending	aneda@ctv.es
Expo Comm España	expocomm@ejkrause.es
Expoocio	info@expo-ocio.es
Expovital	ferias@interalia.es
Fer-Interazar	grupo.interazar@ipsis.es
Samatec Fespa	info@fespa.com
Juvenalia	DGJuventud@comadrid.es
Las Mil y una Boda en Madrid	lasmilyunaboda@cempresarial.com
Look	stsproduccions@salonlook.cem-presarial.com
Maq & Market	profei@amec.es
Pulire España R & R Salón del Arte de la Restauración	imagenlimite@imagenlimite.com
Salón del Sector de Animales de Compañía	sisac@wanadoo.es
Salón del Vino	internet@salondelvino.com

Sig vfedermann@mfiberia.es
Sign sign@mfiberia.es
Siti siti@siti.es
Venatoria & Jeep venatori@teleline.es

Zow Madrid

Center for Exhibition Industry
Research
4350 East West Highway
Suite 401
Bethesda, MD 20811

Exhibit Designers and Produ-
cers Association
6111 E. Wells Street
Milwaukee, WI 53202
Exhibit Surveys
7 Hendrickson Avenue
Red Bank, NJ 07701

Exposition Service Contractors
Association
400 S. Houston Street
Suite 210
Union Square
Dallas, TX 75202

Health Care Exhibitors Association
5775 Peachtree-Dunwoody
Road
Suite 500-G

Atlanta, GA 30342

International Association of
Convention and Visitors Bureaus
2000 L Street NW #702
Washington, DC 20036
International Exhibitors Asso-
ciation
5501 Backlick Road
Suite 105
Springfield, VA 22151
International Association for Ex-
position Management
5001 LBJ Freeway
Suite 350
Dallas, TX 75244

Trade Show Bureau
(Ver Center for Exhibition Industry Research)

Publicaciones
Exhibitor
206 S. Broadway
Suite 745
Rochester, MN 55904
Exhibit Builder
22900 Ventura Boulevard

Suite 245
Woodland Hills, CA 91364
Successful Meetings
355 Park Avenue South
New York, NY 10010

Tradeshow and Convention
Guide
49 Music Square West
Nasville, TN 37203
«Tradeshow & Exhibit Manager»
Goldstein & Associates
1150 Yale Street

Suite 12
Santa Monica, CA 90403
Tradeshow Week Publications
12233 W. Olympic Boulevard
Suite 236
Los Angeles,CA 90064

Sobre el autor

Steve Miller es un consultor independiente de marketing ferial y organizador de seminarios. Trabajó en una feria por primera vez cuando tenía 16 años. Se ha granjeado una gran reputación por lograr resultados excepcionales para sus clientes mediante técnicas de marketing innovadoras y orientadas a la consecución de objetivos, y por motivar a los equipos humanos para dar los mejores resultados.

Como presidente de The Adventure of Trade Shows, Steve ha formado a más de 50.000 expositores en Estados Unidos, Europa y Asia. Ha publicado artículos en más de 150 revistas especializadas y de consumidores.

Como conferenciante y formador, los programas de Steve se han hecho merecedores de un enorme reconocimiento. Su empresa ofrece seminarios, charlas y consultoría, así como sistemas de formación con casetes de audio y vídeos.

Vive en Federal Way, Washington, con sus mejores amigas, Kay y Kelly, su mujer y su hija.

Para más información, diríjase a:

The Adventure of Trade Shows
33422 30th Avenue S.W.
Federal Way, WA 98023
Correo electrónico:
TrdshwStev@aol.com
71333,2575@compuserve.com

Otras obras de Empresa Activa

¿Quién se ha llevado mi queso?

Había una vez dos ratoncitos y dos hombrecillos que vivían en un laberinto. Estos cuatro personajes dependían del queso para alimentarse y ser felices. Como habían encontrado una habitación repleta de queso, vivieron durante un tiempo muy contentos. Pero un buen día el queso desapareció....

Esta fábula simple e ingeniosa puede aplicarse a todos los ámbitos de la vida. Con palabras y ejemplos comprensibles incluso para un niño, nos enseña que todo cambia, y que las fórmulas que sirvieron en su momento pueden quedar obsoletas. El «queso» del relato representa cualquier cosa que queramos alcanzar «la felicidad, el trabajo, el dinero, el amor» y el laberinto es la realidad, con zonas desconocidas y peligrosas, callejones sin salida, oscuros recovecos... y habitaciones llenas de queso.

Escrito por un autor de fama internacional, este relato está prologado por un renombrado consultor empresarial. Sus enseñanzas han servido de inspiración en todo tipo de compañías y organizaciones empresariales.

Generar beneficios

La visión empresarial del doctor Ribeiro se apoya en tres bases fundamentales:

- La excelencia personal, sin la cual no se puede hablar de verdadero desarrollo, liderazgo, negociación ni motivación.
- La innovación en la empresa, que surge de la comprensión del valor del trabajo en equipo y de la influencia de la cultura de la organización en la creación de un contexto que fomenta el auge de la empresa
- La capacidad de anticiparse al mercado, que nos permite inventar el futuro utilizando nuevos paradigmas y nos enseña la importancia del márketing para el éxito de la empresa.

En este libro fascinante encontrará métodos simples y prácticos que le ayudarán a conocerse mejor a sí mismo y a las personas que trabajan con usted, por lo que podrá aumentar su rendimiento personal y el de su empresa, progresar en su profesión y obtener un mayor beneficio de su trabajo.

La lámpara mágica

¿Tiene dificultades para definir sus metas? ¿Le gustaría poder concentrarse en sus objetivos y perseguirlos hasta obtener los mejores resultados?

La importancia de ponerse metas fue una de las conclusiones que destacó un famoso estudio realizado en la Universidad de Stanford en los años veinte. Se hizo un seguimiento de 1.500 niños superdotados para investigar la relación entre la inteligencia y los posteriores logros en la vida. El estudio reveló que junto con la perseverancia y la confianza en sí mismo, una de los rasgos más importantes para tener éxito era la tendencia a fijarse metas.

La lámpara mágica le ofrece un camino en esa dirección mostrándole cómo lograr que la consecución de sus objetivos le resulte más fácil y estimulante. El truco es muy sencillo, se trata de conectar nuestros deseos con nuestros objetivos. Los deseos tienen la fuerza de las emociones, dan la libertad de soñar y el poder para hacerlos realidad. Reformule sus objetivos para darle la fuerza de los deseos y convertirá su vida en una excitante aventura.

El paradigma

El ritmo de los cambios que afectan a la Nueva Economía es de tal magnitud que ya nadie parece tener una idea clara de las perspectivas de futuro. El mérito de Microsoft es, en este contexto, aún mayor, ya que a pesar de todas las adversidades a las que ha tenido que hacer frente en diferentes ámbitos, sigue manteniéndose como líder indiscutible del sector del software, generando ideas y proyectos nuevos y lanzando nuevos productos.

Julie Bick, una de las directivas emblemáticas de la empresa más poderosa del mundo, desvela en esta obra las claves del éxito de Microsoft. El análisis que hace la autora de lo que les caracteriza como empresa, su reflexión sobre lo que les diferencia del resto de grandes multinacionales, permiten al lector extrapolar muchas de las pautas propuestas y usarlas para la construcción de un modelo aplicable a otras realidades empresariales.

Mediante la exposición clara y amena de experiencias personales, el resumen de muchas estrategias y el aprendizaje extraído de algunos fracasos, *El paradigma* resulta una herramienta imprescindible para quien se proponga mejorar en su profesión, crear un buen equipo de trabajo o profundizar en la expansión de su negocio.

Los tres pasos

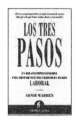

¿Por qué no todo el mundo trabaja en lo que le gusta?
Durante siglos, las personas no han podido elegir su profesión,
porque esta venía ya marcada desde el nacimiento. Si uno no
pertenecía a la las clases más privilegiadas, el camino trazado
era seguir el oficio paterno. Por eso, a lo largo de la historia, a
casi nadie se le ocurría plantearse qué tipo de actividad profesional le apasionaba.

En la actualidad, todos tenemos la libertad para formular-
nos esa pregunta. Pero, por desgracia, son muchos los que no
conocen la respuesta, sencillamente porque nadie les ha enseñado a obtenerla.

Este libro nos cuenta la historia de un joven llamado Zaine,
que aprende y pone en práctica tres pasos muy sencillos para
llegar a descubrir qué vida profesional desea.

Y esos son los tres pasos que también llevarán al lector a
saber «qué quiere ser de mayor».

La nueva mística empresarial

La teoría del liderazgo empresarial que dominará el siglo XXI. Un planteamiento radical que demuestra que se puede ser un visionario y tener los pies bien plantados en el suelo.

La nueva mística empresarial explica cómo es posible unir la espiritualidad y los negocios de forma beneficiosa, tanto en lo económico como en lo referente al desarrollo personal. Y no sólo eso: decenas de empresas en los Estados Unidos saben que la integridad, la responsabilidad o el pensamiento creativo tienen un lugar preferente en sus normas corporativas.

Gracias a este libro, usted podrá conocer cuales son las características del liderazgo empresarial del siglo XXI. Un liderazgo que sabe integrar valores de espiritualidad como la integridad o la intuición con la obtención de beneficios y la competitividad. Un liderazgo aplicable no sólo cuando las cosas van bien, sino y muy especialmente, cuando es necesaria la visión de futuro conjugada con el pie en la realidad presente.

Visítenos en la web

www.empresaactiva.com